中央高校基本科研业务费专项基金资助

皖南传统村落的遗产价值及其保护机制

屠 李 著

东南大学出版社
·南京·

内容简介

全球化、城镇化、现代化背景下,传统村落保护成为新时期我国弘扬中华优秀传统文化的重要任务之一。当前,我国传统村落保护实践正在紧锣密鼓地开展,与其相悖的是与之紧密相关的保护理论的缺失,亟待进行相应的理论建设。皖南传统村落作为我国传统村落的重要组成部分,其保护实践至今已经持续了30余年时间,既取得了一些成绩,也存在不少问题,其保护机制亟待总结和反思。本书在梳理"价值导向的遗产保护"相关理论的基础上,构建了"传统村落遗产价值评价"和"遗产价值导向的传统村落保护"的理论框架,为传统村落保护提供了理论基础;并在此基础上实证研究皖南传统村落的遗产价值和保护机制,并提出优化建议,以促进皖南传统村落保护。

图书在版编目(CIP)数据

皖南传统村落的遗产价值及其保护机制 / 屠李著.
南京:东南大学出版社,2019.1
ISBN 978-7-5641-8146-8

Ⅰ.①皖… Ⅱ.①屠… Ⅲ.①村落—文化遗产—保护—研究—皖南地区 Ⅳ.①K928.5

中国版本图书馆 CIP 数据核字(2018)第 282319 号

皖南传统村落的遗产价值及其保护机制

出版发行:东南大学出版社
社　　址:南京市四牌楼2号　邮编:210096
出 版 人:江建中
责任编辑:丁　丁
网　　址:http://www.seupress.com
电子邮箱:press@seupress.com
经　　销:全国各地新华书店
印　　刷:虎彩印艺股份有限公司
开　　本:787mm×1092mm　1/16
印　　张:10.5
字　　数:206 千字
版　　次:2019 年 1 月第 1 版
印　　次:2019 年 1 月第 1 次印刷
书　　号:ISBN 978-7-5641-8146-8
定　　价:58.00 元

本社图书若有印装质量问题,请直接与营销部联系。电话:025-83791830

序 一

传统村落保护是近年来我国城乡规划和人文地理领域研究的热点,也是国家住建和文物部门未来较长一段时间的工作重点。2012 年以来,国家四部局(住建部、文化部、国家文物局和财政部)大力开展传统村落保护工作,至 2018 年 5 月已有四批 4 153 个传统村落被列入"中国传统村落"保护名录予以保护。但是传统村落保护的相关概念、遗产价值、保护原则、保护方法和保护机制始终未形成统一的认识和明确的理论指引。因此,现阶段对传统村落保护进行相关的理论建设,并在此基础上进行实证研究是十分必要的。

本书作者屠李博士于 2011 年进入北京大学人文地理学(城市与区域规划)专业进行硕博阶段的学习和研究。依托于北京大学与英国纽卡斯尔大学、意大利国家历史遗产保护技术研究所等单位合作的欧盟第七框架协议项目 PUMAH(规划、城市管理和遗产),结合屠李的专业特长和研究兴趣,最终选定"皖南传统村落的遗产价值及其保护机制"作为她的博士论文题目。之后,她赴英国纽卡斯尔大学跟随国际遗产保护专家 John Pendlebury 学习一年,进一步补充了遗产保护领域相关理论知识。为了更深入地了解皖南传统村落,她还于 2016 年在安徽省黄山市黟县进行了长达 3 个月的调研,搜集了大量的数据和资料,参与了村落保护管理工作,对皖南传统村落的保护机制和成效形成了深厚的感性认识。经过扎实严谨的研究,其完成了这篇优秀的博士论文。现在,这本以她博士论文为基础的专著即将出版,是值得庆贺的。我认为,本书至少在以下方面的研究上,具有重要的理论价值和实践意义。

首先,是本书对"遗产价值导向的传统村落保护"的理论探讨与规范研究。本书在厘清遗产价值概念和内涵的基础上,回顾遗产价值评价的理论和方法,构建了传统村落遗产价值评价的理论框架。同时,在梳理国际遗产保护政策中与传统村落相关的遗产类型的保护方法论的基础上,从保护目标、保护原则、关注点、保护管理四个方面进一步构建了遗产价值导向的传统村落保护的理论框架。

其次,是本书基于不同的利益相关者对遗产价值的认知,分析了皖南传统村落的遗产价值。本书采用了文献研究、专家分析、民族志(包括问卷调查、深入访谈等)、田野调查等定性研究方法,力求得到专家、政府和村民等利益相关者对皖南传统村落的历史文化价值和社会价值的认知,并由此概括和提炼出皖南传统村落的遗产价值。

本书的另一个特点是搜集了大量翔实的案例资料,如当地政府所提供的近30年的文献材料和统计数据等,并利用自己构建的一套分析框架对皖南传统的保护机制进行了归纳和理性的评价。书中主要从参与机制、空间策略和政策保障三个方面对世界文化遗产西递村、宏村,中国历史文化名村南屏村、中国传统村落碧山村和黄村所采用的不同保护机制进行了深入的剖析,清晰地阐述了存在的主要问题,并提出了相应的优化建议,因此具有较强的实践意义。

此外,本书在写作上除了理论化的论述,在实证研究部分加入了不少生动的引述,增加了学术书籍的可读性。总的来说,本书对传统村落保护的研究者,具有一定的理论新意;对保护政策的制定者,也有现实的借鉴意义。我期待也相信,本书能够对我国传统村落保护实践带来一些有益的启示,并推动传统村落保护理论的研究进展。

北京大学城市与环境学院教授、博士生导师
北京大学深圳研究生院城市规划与设计学院教授
北京大学建筑与景观设计学院学术委员会主任
中国城市规划学会副理事长
中国区域科学协会常务理事

2018 年 5 月

序 二

　　人类的聚居历史起源于村落,村落记录了人类社会、经济、文化、技术与艺术发展的历程。联合国经济和社会事务部(UNDESA)公布的《2018年世界城市化趋势》报告中指出,2017年全球的城镇化水平为55%,这意味着65亿人中的37亿多人仍然居住在乡村地区。村落在人类发展中将继续起着不可替代的重要作用,村落研究必然是城乡规划学科研究不可缺失的关键内容。

　　中国是个传统的农业国家,村落是中国社会形成与发展的基础,是文化经济网络的节点,更是中华悠久历史文化的载体。村落的空间布局、街巷格局、房屋、建筑、文化遗迹、人物、民风乡俗、邻里关系等构成了村落文化的复杂体。这个复杂体从不同方面展现着中华文化。

　　近年来,随着城镇化、工业化、机械化、现代化的快速发展,传统村落在我国面临着前所未有的发展压力:既有自然生存条件恶化,有人口外迁、空心村、老龄化等城乡社会重构的"副产品",有基础设施落后、公共服务设施欠缺、生活环境改善缓慢等长期城乡二元制的遗留问题,也有撤村并点、撤乡并镇、撤点并校等轰轰烈烈的社会主义新农村改造,更有生产合作社、土地流转、农村集体资产入股入市等农业现代化运动。无论这些因素是如何改变我国传统村落的方方面面,但至少有一点必须重点关注,那就是传统村落的价值面临极大挑战。

　　有价值,才能受到重视、受到保护。但是,传统村落的价值又是什么?如何认知识别?如何评价?如何测定?长期以来,尽管国际国内学者对这些问题进行了大量的探讨,但争论依然存在。尤其是,当前已有的研究需要新数据、新案例、新方法去完善。

　　屠李博士以极具代表性的中国皖南传统村落为例,对传统村落的价值和保护进行了深入研究,有针对性地回答了上述关键问题,完善了当前传统村落保护理论,具有重要的科学价值。同时,她的研究对于指导我国传统村落保护也具有重要的实践作用。

　　屠博士的研究好在三个方面。第一,研究视角好。传统村落及其保护已经被很多学者研究,如何从新的视角去分析研究本身就是一个难题。屠博士对当前国际研究做了全面回顾,结合我国国情,提出从"价值导向的遗产保护"的角度对传统村落的价值进行识别、评价和分析,构建价值体系,很有理论新意。第二,研究数据好。当前很多研究基于二手文献梳理,或者一个村落、几个村落的调查数据,研究不够深入,结论有些片面。屠博士2016年10月至12月期间前往黟县,对25个传统村落的250个村民和一些官员进行访谈,收集到村民和官员对于传统村落价值及其保护的大量主观判断、心理倾向、个人情感等信息,准确全面地反映了当前传统村落保护中的问题,数据可靠翔实,结论自然就具有说服力。第三,论证过程好。从理论背景、案例介绍、调查研究分析、机制解释、政策建议等依次一气呵成,整个研究逻辑缜密;分析深入,融合了定性分析、定量统计、空间分析、图形解析等多种方法;语言文字简洁准确,图文并茂,可读性高。

  这本书是屠李博士在她的北京大学博士学位论文的基础上撰写而成,我是她的博士生导师。举贤不避亲,并不是因为我是她的导师就说她的书好,作为一名城乡规划学者,我客观公正地说,这本书不仅仅是她数年博士研究的成果体现,更是一位年轻学者,怀着对科学的敬畏、对真理的追求、对故乡的眷恋,克服重重困难,花了大量心血收集一手调查数据,对我国皖南传统村落一次深入、全面、科学的研究。这本书将是我国传统村落保护文献中的一部极具价值的著作。

北京大学城市与环境学院研究员

Cities 主编

2018 年 5 月

前　言

全球化、城镇化、现代化背景下我国传统村落保护的重要性凸显。全球化进程对人类文化的多样性及其传承造成严重的威胁。作为一个东方文化大国，我国开始着重关注中华优秀传统文化保护与传承等一系列问题，并将传统村落保护视为新时期我国弘扬中华优秀传统文化的重要任务之一。与此同时，我国大规模、快速的城镇化与农耕文明向工业文明转化的现代化进程却使得传统村落面临着破坏、衰退甚至消亡的压力。当前，我国传统村落保护实践正在紧锣密鼓地开展，但与其相悖的是与之紧密相关的保护理论的缺失，亟待进行相应的理论建设。与此同时，皖南传统村落作为我国传统村落的重要组成部分，其保护实践至今已经持续了30余年时间，既取得了一些成绩，也存在不少问题，其保护机制亟待总结和反思。

本书主要分为两大部分内容。第一部分为规范研究，在梳理"价值导向的遗产保护"相关理论的基础上，构建了"传统村落遗产价值评价"和"遗产价值导向的传统村落保护"的理论框架，为传统村落保护提供了理论基础。第二部分为实证研究，运用规范研究的结论，实证研究皖南传统村落的遗产价值和保护机制，并提出优化建议，以促进皖南传统村落保护。

在第一部分，本书从遗产保护理论构建的起点——遗产价值的概念出发，在对遗产价值的概念和内涵进行梳理的基础上，分析出传统村落的遗产价值。接着通过对遗产价值评价理论框架的归纳和相关方法的回顾，尝试构建传统村落遗产价值评价的理论框架。通过对国际遗产保护政策中与传统村落相关的遗产类型的保护方法论的梳理，从保护目标、保护原则、关注点、保护管理四个方面构建了遗产价值导向的传统村落保护的理论框架。

在第二部分，本书依据前述对传统村落遗产价值的甄别以及所构建的传统村落遗产价值评价的理论框架，接着分析和归纳了皖南传统村落遗产价值。根据皖南传统村落的实际情况，构建出皖南传统村落遗产价值评价的指标体系和评价体系。并以黄山市黟县25个传统村落为例进行实证分析，根据分析结果将皖南传统村落分为遗产型、保护型、特色型和一般型村落。

同时，本书在从保护历程、现行制度和持续变化三个方面对皖南传统村落保护进行背景分析的基础上,从参与机制、空间策略和政策保障三个方面对四类村落的保护机制进行了剖析:参与机制上,遗产型村落的特点是政府建立保护管理网络,引导村民主动参与保护;保护型村落的特点是政府发挥主导作用、村民积极配合保护;特色型和一般型村落的特点是政府宏观引导保护,动员社会共同参与。空间策略上,遗产型村落的特点是保护历史肌理,整治村落环境;保护型村落的特点是保护历史肌理,恢复景观节点;特色型和一般型村落的特点是改善基础设施,营造多元空间。政策保障上,遗产型村落的特点是严格管控传统建筑修缮、公共财政投入支撑保护、旅游开发反哺遗产保护;保护型村落的特点是强制性管控建设性破坏,引入旅游公司投资经营;特色型和一般型村落的特点是引导传统建筑产权流转规范化,扶持文化创意旅游新业态进驻。

最后,本书进一步总结了皖南传统村落目前的保护机制所存在的问题:管理权责关系混乱,村民参与层次较低;周边环境管控松散,传统建筑保护不力;传统村落保护专门法规缺失,保护资金制度不完善,土地管理、文物保护等相关制度存在阻碍等。同时,本书提出了皖南传统村落保护机制的优化建议:利益相关者共同参与,分类选择差异化空间策略,合理运用多样化制度政策。

本书是在作者攻读北京大学人文地理学博士学位时撰写的学位论文的基础上撰写而成。研究源于对皖南传统村落保护实践中所遇现实问题的关注,但不仅仅是找寻实际问题的解决办法,更希望深入挖掘能够为我国传统村落保护实践提供指导的普适性理论,以期对我国其他地区传统村落保护实践带来更多的参考价值和借鉴意义。本书可供城乡规划学、地理学、社会学、人类学等学科传统村落的研究者阅读,也可为规划院、政府从事传统村落保护规划相关工作的人员提供参考。从写作到出版,时间有限,错漏在所难免,欢迎读者提出意见!

屠 李

2018 年 5 月

目　录

1 绪论 ·· 1
　1.1 研究背景与意义 ··· 1
　　1.1.1 研究背景 ·· 1
　　1.1.2 研究意义 ·· 3
　1.2 研究对象的界定 ··· 4
　　1.2.1 传统村落 ·· 4
　　1.2.2 皖南传统村落 ·· 5
　　1.2.3 遗产价值 ·· 6
　　1.2.4 保护机制 ·· 6
　1.3 国内外研究进展 ··· 7
　　1.3.1 国内研究进展 ·· 7
　　1.3.2 国外研究进展 ·· 9
　　1.3.3 本书研究视角与研究问题 ·· 12
　1.4 研究内容与研究方法 ··· 13
　　1.4.1 研究内容 ··· 13
　　1.4.2 研究框架 ··· 14
　　1.4.3 研究方法 ··· 15
　　1.4.4 研究数据 ··· 16

2 遗产价值导向的传统村落保护理论 ·· 17
　2.1 传统村落的遗产价值 ··· 17
　　2.1.1 遗产价值的分类 ·· 17
　　2.1.2 传统村落的遗产价值分析 ·· 22
　2.2 传统村落遗产价值评价理论框架 ··· 23
　　2.2.1 遗产价值评价的理论框架和相关方法 ··· 23
　　2.2.2 传统村落遗产价值评价的理论框架构建 ·· 27

2.3 遗产价值导向的传统村落保护的理论框架……………………………………… 28
  2.3.1 国际遗产保护政策中的传统村落保护……………………………… 28
  2.3.2 遗产价值导向的传统村落保护的理论框架构建…………………… 32

3 皖南传统村落的遗产价值评价及其分类……………………………………… 36
3.1 皖南传统村落的遗产价值……………………………………………………… 36
  3.1.1 利益相关者的遗产价值认知………………………………………… 36
  3.1.2 皖南传统村落的遗产价值阐述……………………………………… 49
3.2 皖南传统村落遗产价值评价体系……………………………………………… 51
  3.2.1 传统村落遗产价值评价指标体系…………………………………… 51
  3.2.2 皖南传统村落遗产价值评价体系…………………………………… 52
3.3 皖南传统村落的遗产价值评价结果…………………………………………… 55
  3.3.1 案例传统村落遗产价值的得分和排序……………………………… 55
  3.3.2 基于遗产价值的皖南传统村落分类………………………………… 57

4 皖南传统村落的保护历程、现行制度和持续变化…………………………… 63
4.1 皖南传统村落的保护历程……………………………………………………… 63
  4.1.1 萌芽期（1982—2001年）："文物保护单位"制度下的建筑保护
   …………………………………………………………………………… 63
  4.1.2 探索期（2002—2011年）："历史文化名村"制度下的村落保护
   …………………………………………………………………………… 66
  4.1.3 发展期（2012年至今）："传统村落"制度下的村落保护………… 68
4.2 皖南传统村落保护的现行制度………………………………………………… 70
  4.2.1 规划制度……………………………………………………………… 70
  4.2.2 法规制度……………………………………………………………… 71
  4.2.3 资金制度……………………………………………………………… 73
  4.2.4 监管制度……………………………………………………………… 74
4.3 皖南传统村落的持续变化……………………………………………………… 75
  4.3.1 空间环境的变化……………………………………………………… 75
  4.3.2 功能用途的变化……………………………………………………… 83
  4.3.3 社会经济的变化……………………………………………………… 84

5 皖南传统村落的保护机制……………………………………………………… 91
5.1 遗产型传统村落的保护机制——以西递村和宏村为例……………………… 91
  5.1.1 西递村、宏村概况…………………………………………………… 91

5.1.2　参与机制：网络管理，村民参与 ………………………………… 93
　　　5.1.3　空间策略：保护肌理，整治环境 ………………………………… 96
　　　5.1.4　政策保障：建设管控，财政支撑，旅游反哺 …………………… 100
　5.2　保护型传统村落的保护机制——以南屏村为例 ………………………… 102
　　　5.2.1　南屏村概况 ………………………………………………………… 102
　　　5.2.2　参与机制：政府主导，村民配合 ………………………………… 104
　　　5.2.3　空间策略：保护肌理，恢复节点 ………………………………… 107
　　　5.2.4　政策保障：建设管控，引入投资 ………………………………… 111
　5.3　特色型和一般型传统村落的保护机制——以碧山村和黄村为例 ……… 113
　　　5.3.1　碧山村和黄村概况 ………………………………………………… 113
　　　5.3.2　参与机制：政府引导，社会参与 ………………………………… 115
　　　5.3.3　空间策略：改善设施，多元空间 ………………………………… 116
　　　5.3.4　政策保障：规范引导，产业扶持 ………………………………… 120

6　皖南传统村落保护机制的问题分析及优化建议 ……………………………… 123
　6.1　皖南传统村落保护机制的问题分析 ……………………………………… 123
　　　6.1.1　参与机制：管理权责混乱，村民参与有限 ……………………… 123
　　　6.1.2　空间策略：周边管控松散，建筑保护不力 ……………………… 126
　　　6.1.3　政策保障：保护制度缺失，相关制度冲突 ……………………… 127
　6.2　皖南传统村落保护机制的优化建议 ……………………………………… 129
　　　6.2.1　利益相关者共同参与 ……………………………………………… 129
　　　6.2.2　分类选择差异化空间策略 ………………………………………… 131
　　　6.2.3　合理运用多样化制度政策 ………………………………………… 132

7　结语 ……………………………………………………………………………… 134

参考文献 ………………………………………………………………………… 137

附录A：皖南传统村落保护机制研究村民调查问卷 ………………………… 144

附录B：主要访谈人员一览表 ………………………………………………… 147

后记 ……………………………………………………………………………… 148

彩图附录 ………………………………………………………………………… 149

1 绪论

1.1 研究背景与意义

1.1.1 研究背景

1) 全球化、城镇化、现代化背景下我国传统村落保护的重要性凸显

全球化进程严重威胁着人类文化的多样性及其传承。全球化虽然最初影响的是物质和经济领域，但最终却深刻影响文化和精神领域（冯骥才，周立民，2003）。在此背景下，作为一个东方文化大国，我国着重关注中华优秀传统文化保护与传承等一系列问题（冯骥才，2006；屠李，赵鹏军，张超荣，2016）。传统村落是中华优秀传统文化的重要载体，对其保护体现了一个具有深远的文化眼光和高度的文化自觉的国家对自身五千年的农耕文明的尊重。因此，传统村落保护被视为未来10年中国文化领域最值得关注的问题（胡杏云，2005；冯骥才，2011；冯骥才，2013）。与此同时，我国大规模、快速的城镇化和农耕文明向工业文明转化的现代化进程却使得传统村落面临着破坏、衰退甚至消亡的压力（屠李，赵鹏军，张超荣，2016）。传统村落甚至一度被看作是推进城镇化和建设新农村的负担与包袱，对其进行大规模拆旧建新，使其遭受严重的破坏。在城镇化率从1978年的17.9%飙升至2015年的56.1%的同时，我国行政村的数量正以每年约3 000个的数量递减（闫小沛，张雪萍，2014）。而从2000年到2010年的10年间，自然村的数量从363万个减少至271万个，消失了92万个，相当于每天消失约250个（冯骥才，2014）。在这样一个不可逆转的进程中，一部分传统村落已经长期处于衰退状态，日渐萎缩以至濒临消失，另一部分则因转化为城镇的一部分而彻底改变了社会存在的原有形式（罗长海，彭震伟，2010）。而农耕文明向工业文明转化的过程中，传统村落中的大量农村剩余劳动力进城务工，其生产方式也已经呈现出半农半工的状态，原有自给自足的乡村生产生活方式基本上被市场化的城市生产生活方式所取代，可以说传统村落已经逐步开始从传统走向现代（闫小沛，张雪萍，2014）。

2）传统村落保护是新时期我国弘扬中华优秀传统文化的重要任务之一

十八大以来，党中央、国务院高度重视中华优秀传统文化的传承和弘扬，将其提升到国家战略的高度，强调了传统村落保护与弘扬中华优秀传统文化之间密不可分的关系。2014年住房和城乡建设部、国家文物局、文化部、财政部（以下简称"国家四部局"）发布的《住房城乡建设部 文化部 国家文物局 财政部关于切实加强中国传统村落保护的指导意见》（以下简称《关于切实加强中国传统村落保护的指导意见》）明确指出："传统村落传承着中华民族的历史记忆、生产生活智慧、文化艺术结晶和民族地域特色，维系着中华文明的根，寄托着中华各族儿女的乡愁。"为贯彻落实党中央、国务院关于保护和弘扬优秀传统文化的精神，2011年以来，在国家四部局的组织推动下，我国传统村落实践开始得以大规模开展。事实上，20世纪80年代以来，我国传统村落保护实践就已初步萌芽。早在1986年，《国务院批转城乡建设环境保护部、文化部关于请公布第二批国家历史文化名城名单报告的通知》一文就已首次提出"对一些文物古迹比较集中，或能较完整地体现出某一历史时期的传统风貌和民族地方特色的街区、建筑群、小镇、村寨等"，省、市级政府应根据具体的历史、科学、艺术价值，将其核定公布为各级"历史保护区"。之后在1996年公布的第四批全国重点文物保护单位名单中首次以"诸葛、长乐村民居"的形式出现传统村落，在2001年公布的第五批名单又以"古建筑群"的形式列入了宏村、西递村等7处传统村落，第六批、第七批又分别列入了17处和9处传统村落。2002年修订的《中华人民共和国文物保护法》（以下简称《文物保护法》）进一步提出："保护文物特别丰富并且具有重大历史价值或者革命纪念意义的城镇、街道、村庄，由省、自治区、直辖市人民政府核定公布为历史文化街区、村镇，并报国务院备案。"次年，"中国历史文化名村"名录在住房和城乡建设部与国家文物局共同牵头下进行了评选，截至2018年5月已公布了6批276个。2011年起，"中国传统村落保护"项目在国家四部局的共同组织下正式启动，截至2018年5月已有4批4 157个传统村落被列入《中国传统村落名录》。当前我国传统村落保护实践已经开始紧锣密鼓地进行，但却缺乏有针对性的理论对其进行指导，亟待进行相关的理论建设。

3）已持续近30年的皖南传统村落保护实践亟待总结和反思

皖南传统村落是指安徽省长江以南山区地域范围内、具有共同地域文化背景的乡村聚落。作为徽文化传承的首要载体，皖南传统村落使徽文化得以在现代社会中相对完整地保存和延续，并能够与现代文化相得益彰（吴宗友，2007）。徽文化与敦煌学、藏学并列成为我国地域文化走向世界的三大显学，在中华五千年传统文化史上有其独特、重要的历史地位（叶显恩，2005；刘伯山，2002）。皖南传统村落的生长变迁充分体现着徽文化的发展进程，不少皖南传统村落自始建年代起均能达到逾千年的历史。其中大部分村落跨越明清两代，即徽文化最为鼎盛的时期。因此，皖南传统村落现存的大量的古民居、古街巷、古寺、古桥、古驿道、古牌坊、古诗文、古楹联、民俗艺术等物质和非物质文化要素无不彰显着徽文化的特质和内涵。

自 20 世纪 80 年代起，皖南传统村落的遗产价值开始频频受到关注，时至今日已经有相当一部分皖南传统村落被列入国家和地方政府所确立的法定和行政保护体系。自 1996 年皖南传统村落首次被列入国家级重点文物保护单位以来，至今皖南山区共有 22 处传统村落或其中的传统建筑在不同批次中被收录，其中呈坎村、宏村、西递村、南屏村、上庄村更是以"古建筑群"的形式整体成为全国重点文物保护单位。2000 年，西递村、宏村作为皖南传统村落的杰出代表被正式列入世界文化遗产。自 2003 年起，住房和城乡建设部与国家文物局已公布 6 批 276 个"中国历史文化名村"，其中共有 15 个皖南传统村落，占比 5%。而 2011 年起，"中国传统村落保护"项目评审出的《中国传统村落名录》中，至 2018 年 5 月已公布了 4 批 4 157 个"中国传统村落"，其中共有 101 个皖南传统村落。2014 年和 2016 年，安徽省住建厅、文化厅、财政厅、文物局等四个厅局联合公布了安徽省第一批和第二批传统村落名单，该名单共包括 363 个村落，其中皖南传统村落有 186 个，占比 51.2%。时至今日，皖南传统村落的保护实践已经持续了 30 余年，既取得了一些成绩，也存在不少问题。随着皖南传统村落保护范围的进一步扩大、保护实践的进一步深入，其已有的保护机制亟待总结和反思。

1.1.2 研究意义

1) 理论意义

本书所构建的"遗产价值导向的传统村落保护"的理论框架，进一步完善了我国传统村落保护的相关理论。

我国传统村落保护实践的广泛开展亟待理论指导，但是国内目前对于传统村落保护的理论建构几乎是空白，仍然局限在对传统村落保护的一般性原则的研究，还没有形成一定的理论体系，缺乏规范性的理论研究。国外"价值导向的遗产保护"理论历经几十年的发展演进已经较为完善，本书所建构的"遗产价值导向的传统村落保护"的理论框架即是通过对前述理论的演绎所得。本书首先在对遗产价值的概念和内涵进行梳理的基础上，分析出传统村落的遗产价值。接着本书通过对遗产价值评价理论框架的归纳和相关方法的回顾，构建出传统村落遗产价值评价的理论框架，在此基础上根据皖南传统村落的实际情况，构建出皖南传统村落遗产价值评价的指标体系和评价体系。最后本书通过对国际遗产保护政策中与传统村落相关的历史古迹、建筑群、历史地区、乡土建筑遗产、历史性城市景观等遗产类型的保护方法论的梳理，从保护目标、保护原则、关注点、保护管理四个方面构建出"遗产价值导向的传统村落保护"的理论框架，进一步完善了我国传统村落保护的相关理论。

2) 实践意义

为皖南传统村落保护的相关政策制定提供建议。

皖南传统村落作为我国传统村落的重要部分,其30余年的保护实践对我国传统村落保护虽然已经起到了重要的示范意义,但是已有的保护实践对皖南传统村落遗产价值的认知并不充分,对保护机制的探讨并不全面。本书在分析专家、政府和村民三大利益相关群体对皖南传统村落遗产价值的认知的基础上,归纳出皖南传统村落的遗产价值,并依据传统村落遗产价值评价的理论框架,进一步构建出皖南传统村落遗产价值指标体系和评价体系。接着运用这一评价体系对黟县25个传统村落进行了实证研究,并根据评价结果对其进行了遗产价值的排序和传统村落的分类。同时,本书在对皖南传统村落的保护历程、现行制度和持续变化进行分析的基础上,依据前述遗产价值评价中对皖南传统村落的分类,从参与机制、空间策略和政策保障三个方面对四类皖南传统村落的保护机制分别进行了剖析;并在深入分析其保护机制所存在问题的基础上,提出其保护机制的优化建议,希望为皖南传统村落保护的相关政策制定提供参考。研究不仅对皖南传统村落保护实践中所遇到的问题的解决具有重大的意义,也为我国其他地区传统村落保护实践提供了经验借鉴。

1.2 研究对象的界定

1.2.1 传统村落

首先,传统村落是一类文化遗产。"传统村落"的概念是从文化遗产保护的角度提出的,是对"古村落"这一概念进行延伸的结果,"古村落"通常被认为是有久远的存在时间(200年以上历史)、有鲜明的地域特色和丰富的历史遗存的村落(尹超,朱怿然,姜劲松,2010;刘春腊,刘沛林,2011)。而随着相关研究和实践的深入,"古村落"一称被认为是模糊和不确切的,更多的是表达出一种"历史久远"的时间性,而"传统村落"一称则更有利于体现其对传统文化的传承作用(冯骥才,2014)。作为一类文化遗产,"传统村落"是兼具物质文化遗产和非物质文化遗产的独特整体,它们通常具有始建年代久远、历史沿革较长、历史文化遗存丰富等共同特征(刘大均,胡静,陈君子等,2014;胡燕,陈晟,曹玮等,2014;冯骥才,2014)。国外遗产保护领域的"乡土建筑遗产"(built vernacular heritage)和"乡村遗产"(rural heritage)与"传统村落"这一概念较为接近,但是强调的仍然是传统建筑或建筑群等物质文化遗产,在某种程度上忽视"传统村落"中物质文化遗产与非物质文化遗产并存的特性。

其次,传统村落是一种乡村聚落。根据《现代汉语词典》的解释,"村落"被认为是聚落的一种基本类型,是"村庄",即农民聚居的地方。而"传统村落"是我国各个民族在悠久的农耕文明发展的过程中逐步形成的乡村聚落,它们数量众多、分布广泛且充满地域特色(刘大均,胡静,陈君子等,2014)。作为乡村聚落,"传统村落"所能呈现的不仅是某一特殊时代风格的传统建筑群,而且是其在农耕文明发展的影响下动态嬗变的历史进程。

最后,传统村落是一个农村社区。根据《现代汉语词典》的解释,"传统"是指"世代相传、具有特点的社会因素,如文化、道德、思想、制度等"。"传统村落"是社会构成最基层的单位——农村社区,至今仍然以农业人口居住和从事农业生产为主。而"传统村落"中所特有的历史记忆、俚语方言、宗族繁衍、村规民约、生产方式、生活方式等则是因为其"农村社区"这一特性的存在而得以继续存在,是作为"文化遗产"的"传统村落"所不能脱离的生命土壤(刘大均,胡静,陈君子等,2014;冯骥才,2014)。

1.2.2 皖南传统村落

皖南传统村落是指安徽省长江以南山区地域范围内、具有共同地域文化背景的乡村聚落,其分布的核心地区为原徽州府"一府六邑",即歙县、黟县、休宁县、绩溪县、祁门县和婺源县,与其相对应的现今的行政区划范围大致是黄山市全境和宣

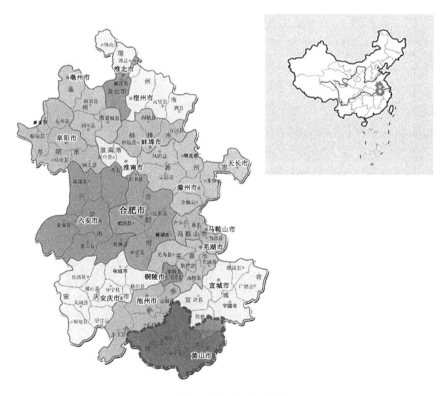

图 1.1 皖南传统村落分布的核心地区

城市绩溪县(婺源县现划入江西省)(图1.1,见彩图附录)。现存的传统村落大多是在明清经济、文化发展繁荣时期(公元14—19世纪)逐步发展成型的(吴晓勤,2002)。皖南山区早在公元前600多年东周时期就已有人类居住,历史上一直是中原士族逃避战乱的首选之地,4世纪初西晋末、9世纪末唐末、12世纪初北宋末的三次朝乱更迭中的中原士族的大规模迁徙,再与古山越人的整合,促使了该地区村落的形成。之后,以血缘为纽带、以家族为单位的同宗同族村落逐步发展,使得基于同一文化背景的大量空间形态类似、地域特色明显的传统村落集中在皖南山区,进而形成了"皖南传统村落"的概念(邓琪,2013)。

1.2.3 遗产价值

"遗产"一词来自西方国家,《柯林斯词典》将其定义为"由过去传承至今,或根据传统而传承的事物",并且能起到"过往的证言"的作用,但这一定义并不全面。事实上,随着西方社会遗产保护实践的不断发展,不同时代对"遗产"的认知也历经着不同的转变,大致有5个阶段:阶段一(1790—1791年),遗产的概念由私人(personal heritage)变为公共(common heritage);阶段二(1930—1945年),遗产的概念成为文化维度中一个完整的部分,如1931年《雅典宪章》所提及的美学遗产;阶段三(1959年),文化遗产这一表达方式首次出现;阶段四(1968—1969年),遗产的概念开始正式应用于国际组织、政府管理中,但是意义局限于国家资产或者美学资产等;阶段五(1978—1980年),遗产开始广泛应用于政府管理和公众领域(Vecco M,2010)。1999年ICOMOS通过的《国际文化旅游宪章》对"遗产"的概念进行了较为全面的总结,提出"遗产是很宽泛的概念,包括自然和文化环境。它包括景观、历史场所、遗址和建成环境,以及生物多样性、收藏品、过去和正在进行的文化实践、知识和生活经验"。可见,"遗产"已经不再是确定的实体概念,而是与自然、社会、经济、文化、环境等紧密相关(徐红罡,万小娟,范晓君,2012)。

不管"遗产"的概念如何演变和扩展,其本质始终是"有价值的事物"(Pendlebury,2016),这也是"遗产价值"概念的来源。最初人们将遗产视为审美对象和历史见证,遗产价值主要是艺术、历史和科学(考古)价值。后来文化的脆弱性和珍稀性成为判断遗产价值的重要方面,人们从人类学、文化学的角度对遗产价值进行重新思考,文化价值成为一种得到普遍关注的遗产价值。之后,遗产保护的社会性受到关注,遗产的社会价值在国际社会得到普遍接受。时至今日,遗产的历史价值、文化价值和社会价值成为遗产保护领域所公认的遗产价值,其普遍认为遗产价值是现代遗产保护理论构建的起点,遗产怎样保护、管理或使用由遗产价值所决定。

1.2.4 保护机制

根据《现代汉语词典》,"保护"是指"尽力照顾,使不受损害","机制"则是指"一个工作系统的组织或部分之间相互作用的过程和方式"。与我国文化遗产保护领域的"保护"一词相对应的英语词汇为"preservation"和"conservation"。根据《朗文当代英语辞典》,"preservation"的意为:"事物保持其原初状态或置于好的条件;确保一个状态不会改变的行为;事物保持不被天气、年龄等因素改变的程度。""conservation"意为:"为了防止动物、植物、森林等的自然事物被破坏而进行的保护;为了防止事物丢失或浪费而进行的保护。"本书中的传统村落的保护机制是指在维护传统村落遗产价值的目标下,传统村落保护的利益相关者的参与下,综合运用公众参与、法规、规划、资金、监管等制度工具协调传统村落保护与发展的过程和模式。

1.3 国内外研究进展

1.3.1 国内研究进展

国内对传统村落保护的研究,是随着传统村落保护实践的开展而进行的。最早的一篇文献是胡如城(1987)的论文《楠溪江风景名胜区人文资源的评估和开发》,他认为应当将传统村落列入文物保护单位,并指出要采用传统的工艺和材料修缮村落现存的传统建(构)筑物。2000年以后,国内对传统村落保护的研究数量明显增多,研究内容主要有四大类:第一,传统村落聚落特征的研究;第二,传统村落遗产价值的研究;第三,传统村落保护规划的研究;第四,传统村落旅游发展的研究。

1) 传统村落聚落特征的研究

这类研究主要是从建筑学、艺术学、地理学、景观学、社会学等视角对我国不同地区现存传统村落的发展历程、地域分布、空间形态、传统建筑、景观风貌等的方面基本特征、形成原因和影响因素进行的案例研究。建筑学视角的研究,代表性的有何峰(2012)对湘南传统村落空间形态的研究、席丽莎(2013)基于人类聚居学理论对京西传统村落空间形态的研究、朱雪梅(2013)对粤北传统村落建筑特色的研究。艺术学视角的研究,代表性的有臧丽娜(2005)对皖南传统村落中传统建筑的美学特征的研究。地理学视角的研究,代表性的有陆林、凌善金等(2004a)对皖南传统村落的空间演化过程和机理的研究。景观学视角的研究,代表性的有郭美锋(2008)对婺源理坑村的景观特质和景观意象等的个案研究。而张大玉(2014)则基于地理学、建筑学和社会学多学科视角对北京古村落的生成环境、分布规律、空间形态以及风貌特色等进行了分析。

2) 传统村落遗产价值的研究

这类研究主要是围绕国内正在实施的各类传统村落保护政策所需的价值评定

环节来进行,大多通过指标体系的建立对特定地区的传统村落进行分类定级。2002年的"中国民间文化遗产抢救工程"在山西省晋中市榆次区后沟村制定了有关传统村落认定标准的"普查提纲",首次对传统村落遗产价值认定标准进行了研究(王小明,2013)。2006年通过的《西塘宣言》指出传统村落"有经济价值,有文化价值,有历史价值,有旅游价值,有欣赏价值,有无言的大美,有民族深重的情感"。王云才、郭焕成等(2006)从历史悠久性、保护完整性、建筑乡土性、环境协调性和文化传承的典型性5个方面建立指标体系对北京市门头沟区的传统村落进行了实证研究。赵勇、张捷等(2006)基于专家评判角度,从物质文化遗产和非物质文化遗产两大方面建立了包含3个层次、15项指标的历史文化村镇保护的评价体系,之后又在2008年从整合价值特色和保护措施的角度对原有评价体系进行了修正,同时,修正后的评价体系更为关注直接测度、定量评价和实际可操作性,住建部所发布的《中国历史文化名镇(村)评价指标体系(试行)》就是基于此项研究调整而成的(赵勇,张捷,卢松等,2008)。

黄家平、肖大威等(2011)提出了由历史文化遗产(包括物质文化遗产和非物质文化遗产)、村镇概况(包括自然地理、经济社会、公共设施)和居民保护意向(包括认知度、支持度、满意度)三大部分组成的历史文化村镇基础数据框架,并建立了指标体系。为了更好更快地建立国家层面的传统村落名录制度,2012年住建部牵头发布了《传统村落评价认定指标体系(试行)》,从传统建筑、选址格局和非物质文化遗产三个方面建立指标体系,对国家和地方政府所认定的具有文化遗产价值的传统村落进行"评优",该指标体系所选取的三个方面似乎过于片面,其产生的遗产价值评价结果无法对传统村落保护管理形成有效的指导。总的来说,"遗产价值"作为传统村落保护的根本问题,目前来说研究方法较为单一,理论研究甚为匮乏。

3) 传统村落保护规划的研究

这类研究主要是针对已有的保护规划的编制成果和实施效果进行的案例研究。吴晓勤(2002)的《世界文化遗产:皖南古村落规划保护方案保护方法研究》一书中对90年代末世界遗产地西递村和宏村在申遗背景下编制的传统村落保护规划(《西递古村落保护规划》和《宏村保护与环境整治规划》)的编制背景和规划内容进行了详细的介绍,这几乎是国内最早编制传统村落保护规划的案例。尹超、姜劲松(2010)在对江苏省传统村落保护规划编制情况进行问题总结时提出,目前传统村落规划编制仍处于探索阶段,较多地参考了村庄规划与历史文化名城保护规划的编制模式,尚未形成具有自身特点、针对性较强的编制方法。黄家平(2014)通过对历史文化村镇的特点以及对100多个历史文化村镇的保护规划案例文本的分析,提出了历史文化村镇保护规划的目标任务(记录、控制、引导)和技术体系(基础数据的收集和分析、历史文化遗产的保护、历史风貌的整治、现代适应性更新)。与前述研究类似,刘渌璐(2014)也对广府地区的45个传统村落保护规划的编制思路、方法、内容进行了归纳和分类。另外,GIS 等新技术在传统村落保护规划编制过程中的应用也受到了一些学者的关注。董卫(2005)借助于新的数字技术对传统空间认知与分析方法方面进行改进并在南阁村保护规划中加以应用,主要包括村落生成过程分析、民居建筑类型分析等。张泉(2014)则通过对历史建筑、道路街巷、人口信息等数据的收集,探索了基于 ArcGIS 平台的传统村落保护规划编制方法和流程。

传统村落保护规划实施评价的研究也有少数学者涉猎。李婧(2011)虽在一定程度上探索了传统村落保护规划的实施过程和结果之间的关系,但仅以翠亨村这一案例进行实证研究显然远远不够,而且这一研究未能上升到理论高度并形成有普适性的评价体系。相比之下,任栋(2012)的研究成果则具有更大的创新,他针对历史文化村镇保护实施过程和结果提出了保护规划效果的评价框架,但这一成果在保护实践中却缺乏可行性。刘渌璐(2014)从主、客体角度对其中 4 个传统村落的保护规划的实施过程进行了分析,并从保护效应、社会效应、经济效应、环境效应 4 个方面建立了传统村落保护实施效果评价体系并进行了实证研究。

4) 传统村落旅游发展的研究

旅游发展作为传统村落保护的最重要动因之一,其开发经营模式、对传统村落社会经济等方面的影响、社区参与、利益主体关系等问题受到了国内学者的关注。李凡、金忠民(2002)对西递、宏村、南屏三个传统村落的旅游发展所带来的经济、社会、文化和环境影响进行了比较分析。李德明、程久苗(2005)构建了乡村旅游和农村经济互动可持续发展模糊评价模型并进行了实证研究。陈爱宣(2008)运用利益相关者理论和公司治理理论对传统村落旅游公司的"利益相关者共同治理模式"进行了研究。陈麦池、黄成林(2012)认为传统村落旅游业发展需要探索并完善本土化公司运营与社区参与的管理机制。卢松等(2009)、王莉等(2006)、杨效忠等(2008)、徐红罡等(2010)、刘慧洁(2014)等均以世界遗产地西递、宏村为例,对其作为旅游地时的环境容量、游线固化、社区参与、利益主体关系、开发经营模式等问题进行了实证研究。邵甬、陈悦(2013)在对皖南地区不同市县的 7 个传统村落的旅游供给、旅游需求、旅游管理和旅游效应方面全面考察的基础上,提出了要以理念创新为先导、机制建设为重点的"可持续旅游"新思路。

1.3.2 国外研究进展

国外虽然没有与"传统村落"完全相对应的概念,但是在遗产保护领域却不乏与其相关的研究,研究内容主要有三大类:第一,乡村环境保护的研究;第二,乡土建筑遗产保护的研究;第三,乡村遗产旅游的研究。

1) 乡村环境保护的研究

S. N. Stokes 等在 1989 年出版的《拯救美国乡村:乡村保护指引(*Saving*

America's Countryside: A Guide to Rural Conservation)》一书是对乡村环境保护的较早且全面的研究。他认为乡村保护(rural conservation)主要包括自然和景观资源保护、建筑和重要文化场所保护,以及地方经济和社会制度的提升等,并提出乡村保护应该注意以下几点:①乡村保护应该整合自然资源、农田、历史遗存和景观保护;②乡村保护规划应该结合社区的社会经济需求来制定;③乡村保护规划的可持续性有赖于地方政府与私有非营利组织的合作;④乡村保护规划的有效性依赖于多样化的技术支持;⑤公众参与应该贯穿乡村保护的各个阶段;⑥可持续的乡村保护需要遵守长期的约定。Yokohari等(1994)建立了乡村生态景观保护的框架,旨在对乡村景观功能进行确定、分类和评价。他以东京边缘地区的5个乡村景观单元类型为例,对其农田和林地的景观单元的8个重要生态功能进行评价,并得出结论:未受到城镇化影响的地区有高的物质元素保护价值,如土壤、空气、水等,而受到城镇化影响的地区有高的社会元素保护价值,如礼仪、文化和教育等,经过仔细规划的任何一个乡村景观单元都对整体有重要的作用。

Pinto-Correia(2000)以葡萄牙阿连特茹地区为例,结合其区域层面景观马赛克现象的出现以及已经实施的农业政策措施,对农业政策措施如何支持乡村景观保护进行了探讨。Lepp(2007)以乌干达比戈利村为例,基于50个村民的深度访谈,比较了村民对国家主导和社区主导两种乡村保护模式的态度,结果显示社区主导的保护模式会促使村民对保护的态度更为积极,而国家主导的模式则不会。Young(2006)对世界遗产保护的一种现象——博物馆村落在澳大利亚的发展历程和现状问题进行了分析。澳大利亚的博物馆村落始于1963年,是其国家历史中民粹主义的成果,以颂扬白人乡村聚落为主题,致力于收集和保存受到历史认同的有意义的建(构)筑物。而如今博物馆村落的生存却因为地方经济提升的管理压力以及遗产管理专业化标准而受到了严峻的挑战。Fischer等(2012)对传统农业景观的保护政策进行了探讨,阐述了这类保护政策往往遵循"保存策略",即通过为农民提供财政支持促进其继续从事传统的实践活动。他认为"保存策略"虽然在短期内较为成功,但是却忽视了传统农业景观与社会生态系统的联系,社会-生态系统的耦合仍然面临解除,社会子系统已经改变,单独保存生态子系统无济于事;应该遵循"转换策略"去构建保护政策,这一政策是通过引导社区与自然创造新的直接联系去提供一个可预见的未来,从而促进农村社区的可持续发展,而不再是试图保存过去。

2) 乡土建筑遗产保护的研究

乡土建筑遗产(built vernacular heritage)保护一直是国外学者研究的重点,主要集中在乡土建筑的内涵特征、保护利用、保护管理等方面。Filippi(2005)认为乡土建筑遗产是生活质量的决定因素,并不与现代化的生活对立,并指出乡土建筑遗产是不同文化传统的集成和文化认同的载体。保护乡土建筑的物质空间、结构和形态,需要考虑理解和使用方式等与其相关的有形或无形的东西,尽可能地促进传统技术和材料在现代的应用,提升其与现代生活需求的兼容性,研究其在能源消耗和环境维护方面的可持续性。同时,对乡土建筑遗产的保护意味着要处理其所在的"活态"环境,通过社区参与进行对其保护和利用的平衡的管理,提升其文化遗产的可持续性,尽可能地保护其可能传递给子孙后代的"意义"。并且其提出应通过当地利益相关者参与确保地方保护经费,通过居民改善自身生活环境的愿望去激励经费筹措,通过建筑修复去复兴文化认同的基本载体和集体记忆保存的感知实体,通过乡土建筑遗产保护对增加就业和提高生活质量的潜力去提升其经济可持续性。

  Oliver(2006)在其《满足需求的建造:乡土建筑的文化问题》(*Built to Meet Needs: Cultural Issues in Vernacular Architecture*)一书中将乡土建筑的定义从宽泛的概念——任何时间和地点人们为了日常生活需求而建造的建筑——转变为狭义的概念,即乡土建筑是针对特定时间和地点的传统的、前工业社会的、手工建造的建(构)筑物。他认为对乡土建筑的保护不仅是技术问题,更是文化问题。乡土建筑的保护是为了未来的子孙后代能够通过体验过去的建筑去学习历史,从而重建本土居民的文化自信。为了保护乡土文化,与乡土建筑保护相关的专业建筑师、规划师和设计师必须进行相关知识的培训。因为一个受到西方理性主义教育的建筑师在乡土环境中建造、替换和修复房屋时会忽视地方传统,并且倾向于将现有建筑抹去,将形式各异的乡土建筑替换为无个性特征的网格建筑。而在网格建筑内居住的人们,在丧失了形式的象征意义的环境中也很难去保存乡土文化,进而使留存于乡土活态社区中的地方文化遭到毁灭。Ford 等(1999)对 GIS 在乡土建筑价值评价中的应用做了分析,认为通过 GIS 可以更加全面地记录建筑的历史价值和景观作用等,可以为评定单体建筑或制定保护策略做出更好的判断。

  Fuentes 等(2010)对乡土建筑登录和再利用的方法论基础进行了探索,并在西班牙中部乡村地区进行了实证研究。他将乡土建筑登录和再利用分为 6 个阶段(初步研究、详细清单、重要案例的类型学分析和选择、所选案例的采编和深入调查、再利用潜力评价、制定再利用的计划和评价相应地区的结果),并进一步细分为 11 个目标。Foruzanmehr(2011)指出,存在一个悖论,即学术研究中一直将乡土建筑视为环境实践的典范,但是现实实践中乡土建筑却逐渐被现代建筑所替代。乡土建筑的保护是由当地居民根据社会、文化、经济、环境等各种因素决定的,应该对保护条件有更全面的理解。Yıldırım 等(2012)选择了土耳其尚勒乌尔法地区的 6 个传统民居再利用案例,基于商业开发和社区发展视角讨论了传统民居兼容性再利用和适宜性再利用所面临的挑战和方法,以期对未来的项目提供指导。他认为基于商业开发的传统民居再利用一般由私营业主发起,再利用所产生的收入足以覆盖传统民居的修复和维护费用,而基于社区发展的传统民居再利用一般由政府或社会组织发起,无法产生足够的收入覆盖传统民居的修复和维护费用,但是却为社区提供了社会福利。

3）乡村遗产旅游的研究

Fisher(2006)将遗产旅游的概念运用到乡村地区，以新南威尔士北部克拉伦斯河谷地区为例，对其利用19世纪乳牛场遗址开展的遗产旅游的发展情况和未来潜力进行了探讨，认为乡村遗产旅游是农业旅游的一种重要形式，地方当局已经将其看成增加区域工作岗位的一种方式，而农民也因为其增加收入的潜力而积极加入这一领域。Kastenholz等(2012)以葡萄牙中部的历史村落为例，通过分析游客和居民的旅游体验、不同利益相关者的互动、市场影响等得出，游客满意度最重要的决定因素是乡村的田园风光及其旅游体验的社会、情感和象征意义的维度。

1.3.3 本书研究视角与研究问题

综上所述，国内外对于传统村落保护的研究有以下一些特点：

理论研究方面，国外虽然没有与"传统村落"完全对应的概念，但是其"价值导向的遗产保护"理论历经几十年的发展演进已经较为完善，包括遗产价值的概念和内涵，遗产价值评价的理论框架的归纳和相关方法，以及国际遗产保护政策中与传统村落相关的历史古迹、建筑群、历史地区、乡土建筑遗产、历史性城市景观等遗产类型保护的方法论等。而国内目前对于传统村落保护的理论建构几乎是空白，仍然局限在对传统村落保护的一般性原则的研究，还没有形成一定的理论体系，缺乏规范性的理论研究。

实证研究方面，国外在没有与"传统村落"完全对应的概念的情况下，现有的对乡村环境、乡土建筑遗产、乡村遗产旅游的实证研究就显得视角单一、内容片面，与传统村落着眼于遗产保护和社区发展相结合的出发点有所不同。而国内的研究虽然针对性较强，但是较多地关注某地区或某几个传统村落的保护实践，所以目前所呈现出来的研究格局以实证研究为主。但这些实证研究缺乏理论指导，常常无法触及问题的核心，规范性研究指导下的实证检验尤其缺乏。而且国内现有研究大多基于建筑学、地理学、景观学等学科的视角对传统村落的聚落特征、遗产价值、旅游开发等问题进行研究，虽然对保护机制有所涉及，但是研究出发点并不是直接解决如何优化传统村落保护机制的问题。

基于以上分析，本书从"遗产价值导向的传统村落保护"这一核心命题切入，对皖南传统村落的遗产价值和保护机制进行剖析，试图回答以下三个研究问题：

(1) 传统村落的遗产价值有哪些？如何评价？遗产价值导向的传统村落保护理论框架是怎样的？

(2) 皖南传统村落的遗产价值是怎样的？如何根据遗产价值对皖南传统村落进行分类？不同类型的皖南传统村落的保护机制是怎样的？

(3) 皖南传统村落保护机制存在哪些问题？如何优化？

1.4 研究内容与研究方法

1.4.1 研究内容

根据前述三个研究问题,本书的研究内容主要包括:① 遗产价值导向的传统村落保护的理论基础;② 皖南传统村落的遗产价值评价及其分类;③ 不同类型皖南传统村落的保护机制;④ 皖南传统村落保护机制的问题和优化。

本书一共分为七章,各章的主要内容如下(具体研究框架见图1.2):

第一章,绪论。介绍研究背景与意义,界定研究对象,综述国内外相关研究进展,提出研究问题,介绍研究内容、研究框架、研究方法与研究数据。

第二章,探讨遗产价值导向的传统村落保护的理论框架。首先,在对遗产价值的概念和内涵进行梳理的基础上,甄别出传统村落的遗产价值。接着通过对遗产价值评价理论框架的归纳和相关方法的回顾,构建出传统村落遗产价值评价的理论框架。通过对国际遗产保护政策中与传统村落相关的遗产类型的保护方法论的梳理,从保护目标、保护原则、关注点、保护管理四个方面构建出遗产价值导向的传统村落保护的理论框架。

第三章,皖南传统村落的遗产价值评价及其分类。依据上一章对传统村落遗产价值的甄别以及所构建的传统村落遗产价值评价的理论框架,分析和归纳皖南传统村落遗产价值。根据皖南传统村落的实际情况,构建出皖南传统村落遗产价值评价的指标体系和评价体系。并以黄山市黟县25个传统村落为例进行实证分析,根据分析结果对皖南传统村落进行分类。

第四章,皖南传统村落保护的背景分析。通过对皖南传统村落保护历程的回顾,将其30余年的保护历程分为三个阶段。同时,从规划制度、法规制度、资金制度、监管制度四个方面对皖南传统村落保护的现行制度进行分析。最后,从空间环境、功能用途、社会经济三个方面分析皖南传统村落近年所产生的持续变化。

第五章,皖南传统村落的保护机制剖析。根据第三章中对皖南传统村落的分类,以黄山市黟县西递村、宏村、南屏村、碧山村和黄村为例,从参与机制、空间策略和政策保障三个方面对四种不同类型的皖南传统村落的保护机制进行剖析。

第六章,皖南传统村落保护机制的问题分析及优化建议。根据第五章对四类皖南传统村落保护机制的剖析,分析其问题所在,并提出优化建议。

第七章,结语。总结本书的研究成果。

1.4.2 研究框架

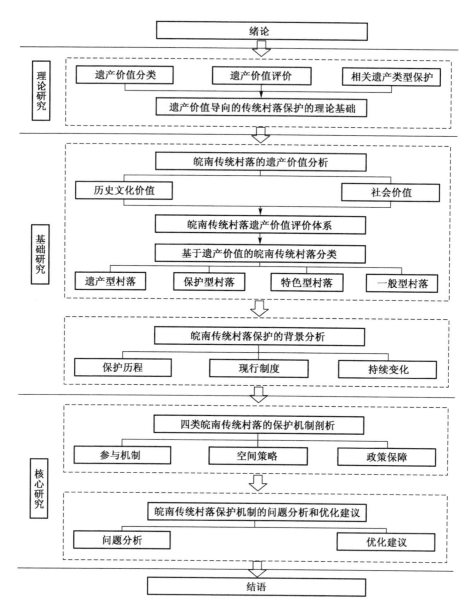

图 1.2 研究框架

1.4.3 研究方法

1) 规范研究

本书通过理论演绎的方式进行规范研究,基于价值导向的遗产保护理论对"遗产价值导向的传统村落保护"的理论框架进行推导和构建。本书首先从遗产保护理论构建的起点——遗产价值的概念出发,通过对遗产价值概念和内涵的梳理,归纳出历史文化视角和经济视角下遗产价值的分类。接着从历史文化视角入手通过历史文化价值和社会价值两个方面分析出传统村落的遗产价值。之后本文通过对遗产价值评价理论框架的归纳和相关方法的回顾,构建出传统村落遗产价值评价的理论框架,在此基础上根据皖南传统村落的实际情况,构建出皖南传统村落遗产价值评价的指标体系和评价体系。同时,本书在认同现代遗产保护领域的"一切基于遗产价值"的共识的基础上,对国际遗产保护政策中与传统村落相关的历史古迹、建筑群、历史地区、乡土建筑遗产、历史性城市景观等遗产类型的保护方法论的梳理,从保护目标、保护原则、关注点、保护管理四个方面构建出"遗产价值导向的传统村落保护"的理论框架。

2) 案例研究

本书选取黄山市黟县前三批被列为中国传统村落的25个传统村落作为皖南传统村落的典型案例,它们自1980年代起陆续被纳入国家、省、市等不同层面的法定和行政保护体系进行保护,这些典型案例既取得了一定的成绩,也面临不少的问题,具有一定的代表性。这些传统村落中有世界文化遗产村落2个,包括西递村、宏村;古建筑群文物保护单位5个,包括西递村、宏村、屏山村、南屏村、关麓村;中国历史文化名村6个,包括西递村、宏村、屏山村、南屏村、关麓村、卢村;中国传统村落25个,包括西递村、宏村、屏山村、南屏村、关麓村、卢村、石亭村、碧山村、塔川村等。本书主要通过问卷调查法、深度访谈法、文献分析法、参与观察法、层次分析法对案例传统村落进行实证分析,具体如下:

① 问卷调查法:通过对黟县25个案例传统村落的250个村民进行随机抽样的问卷调查,进一步获取能反映皖南传统村落社会经济发展的实际情况的数据以及村民对其社会经济发展和生产生活条件的满意度、遗产价值认知、遗产保护意识、社区认同程度等的相关数据。

② 深度访谈法:通过对与25个案例传统村落保护相关的政府职能部门的管理人员、村干部、村民等利益相关者的深度访谈,获取皖南传统村落的利益相关者对于现行保护机制的看法的相关数据。

③ 文献分析法:通过对黟县政府遗产办(文物局)、住建委、规划局、旅游委、农委、档案局等职能部门以及各乡镇政府所提供的大量的文献材料和统计数据的分

析,补充了问卷调查和深度访谈难以获得的历史资料和关键信息。

④ **参与观察法**:通过在黟县住建委实习3个月的时间中对25个案例传统村落保护管理的参与,对皖南传统村落的保护机制和成效形成了深厚的感性认识。

⑤ **层次分析法**:本书运用该法将传统村落的遗产价值进行了若干层次的分解,首先将传统村落的遗产价值分解为历史文化价值和社会价值,接着根据价值承载要素对具体的遗产价值继续进行分层,最终建立起传统村落遗产价值评价指标体系。

1.4.4 研究数据

本书的研究数据主要包括官方统计数据、调查问卷、访谈记录整理、相关政策法规文件以及政府部门提供的历年工作报告和相关规划资料等。研究数据主要来自2016年10月至12月对黟县25个传统村落的调研,通过对250个村民进行问卷调查,收集了黄山市住建委、黟县政府相关职能部门、各乡镇政府、旅游开发公司、村干部和村民等的访谈记录,以及黟县政府相关职能部门的工作报告、政策文件、保护规划材料若干。

2 遗产价值导向的传统村落保护理论

2.1 传统村落的遗产价值

2.1.1 遗产价值的分类

遗产价值分类是遗产价值评价的前提。在没有对遗产价值进行分类的情况下,在遗产价值评价中常常会出现两种问题:①某一类遗产价值占绝对主导,忽视其他类型的价值。如有些遗产价值评价中经济价值较为主导,在之后的遗产保护中重视能使经济价值最大化的旅游开发,反而忽视了其最基本的遗产价值——历史价值的保护。②所有的遗产价值被视为"黑箱",都被合并为"重要性(significance)",不同类型遗产价值混淆,无法进行排序和优先,导致遗产保护缺乏针对性(Mason,2002)。遗产价值分类一方面可以使评价主体(不同利益相关群体)在共同的语境下通过不同方式去理解、讨论和评价遗产价值,另一方面可以引导评价主体针对不同遗产价值选择不同的评价方法。

1) 历史学和文化学视角的分类

很早之前,就有一些人对我们今天称为"遗产"的对象非常欣赏,遗产开始被视为历史的见证和审美的对象,其历史价值和艺术价值开始受到关注。在此基础上对其进行的干预,被称为"修复(restoration)",其中风格式修复和反修复(保护)则被西方学者普遍认为是遗产保护理论的源头。19世纪30年代,风格式修复最早由法国考古学家迪德伦和梅里美所提出,它是一种基于严谨的考古学研究、倡导"最小干预"的保守式修复理念。但是在之后的一段时间内,随着考古学家们对中世纪建筑认知的演进、建筑师和工匠技术水准的提升以及建筑方法的改善,以法国建筑学家勒·杜克为代表的西方学者开始深入思考和界定遗产价值的概念和内涵,并试图在此基础上再次定义"修复"的作用。风格式修复理念相对激进,认为遗产价值主要在于艺术价值,认为历史建筑的遗产价值来自建筑场所精神中的、可能是从未存在过的、被构思时的"原初"状态,但是时间所带来的各种破损和遮盖会改变遗产的这种"原初"状态。"修复"的目的是将遗产恢复到它的"原初"状态,而不是一般意义上的保存、修缮或重建(屠李,张超荣,赵鹏军,2015;比尼亚斯,2012;尤基莱托,2011;方冉,2007)。

19世纪50年代,针对"风格式修复"开始出现一波批判浪潮——"反修复",它由公众影响力较大的英国艺术家约翰·罗斯金所领衔,这一批判浪潮在指责那些修复建筑师们破坏文化遗产的历史原真性的同时,推崇对遗产的防护、保护和维护。"反修复"理念极力强调遗产的历史价值的重要性,这一理念为之后更多保护哲学的建立奠定了一定的理论基础。罗斯金的经典著作《建筑的七盏明灯》中这样强调了史实性的重要意义:"一个真正的古迹,而非它的现代仿制品,才是一个国家真正的遗产,才是历史古迹。"总的来说,与"风格式修复"理念相比,"反修复"理念相对保守,认为遗产价值主要在于其历史价值,而"修复"是因为对遗产的错误认知而导致的对其毁灭性破坏,应逐渐为"保护"所替代(屠李,张超荣,赵鹏军,2015;比尼亚斯,2012;尤基莱托,2011;方冉,2007)。正是以"反修复"理念为源头,现代遗产保护理论才得以诞生并逐渐形成,并得到学者们的普遍接受和认同(Pendlebury,2009)。

1902年维也纳艺术史学家Alois Riegl试图通过遗产价值理论阐释遗产保护,并首次对遗产价值进行了分类,这可以说是现代遗产保护领域一直影响至今的基础性理论创新。他将遗产价值分为2类:①纪念价值,是指遗产作为"古物"的重要意义,事实上对古物价值的欣赏对于公众来说是一种天性,并不需要对其进行特别的教育。②当代使用价值,包括"艺术价值"和"新物价值",前者是指我们所能感知的遗产所具有的艺术品质;后者指的是艺术作品"从未被改变的"表象和特征,这些表征会提升遗产在民众心中所被赋予的价值(Bandarin,van Oers,2012;屠李,赵鹏军,张超荣,2016)。1931年ICOMOS通过的《关于历史古迹修复的雅典宪章》中进一步提出历史古迹具有历史、艺术和科学(考古)价值(ICOMOS,1931)。而在1964年的《威尼斯宪章》中则提出历史古迹的遗产价值在于"能从中找出一种独特的文明、一种有意义的发展或一个历史事件见证……不仅适用于伟大的艺术品,还适用于随时光流逝而获得文化意义的过去一些较为朴实的艺术品",这一定义较为明确地指出了遗产价值包含文化价值、历史价值、艺术价值、科学价值等,遗产价值类型已经较为宽泛(ICOMOS,1964;史晨暄,2008)。

1972年,UNESCO的《保护世界文化和自然遗产公约》站在全世界和全人类的高度去理解遗产价值,即"历史、艺术或科学角度具有突出的普遍价值","突出的普遍价值指罕见的、超越了国家界限的、对全人类的现在和未来均具有普遍的重要意义的文化或自然价值"(UNESCO,1972)。世界遗产委员会的《实施〈世界遗产公约〉的操作指南》自1977年首次确立了列入《世界遗产名录》的世界文化遗产的6

条标准以来,已经历经了几十个版本的修订,目前最新的版本是 2017 年版(表 2.1)。总的来说,该标准在将世界遗产视为促进文化多样性的工具的前提下,强调遗产所具有的历史、艺术、科学、文化、精神价值等(UNESCO,1977;UNESCO,2016)。1979 年,ICOMOS 澳大利亚国家委员会的《巴拉宪章》(最后修订是 2013 年)提出"保护的目标是保护该场所的文化重要性(cultural significance)","保护是有效管理文化重要性场所的重要组成部分",它将文化重要性与"文化遗产意义(cultural heritage significance)"和"文化遗产价值(cultural heritage value)"视为相同的含义,并将其定义为"对过去、现在和将来的人们具有美学、历史、科学、社会和精神价值"。可见,在基于人类学、文化学的角度对遗产价值进行重新思考的背景下,遗产价值的类型开始从历史价值向文化价值扩展。

表 2.1　1977 版与 2017 版《实施〈世界遗产公约〉操作指南》关于文化遗产标准的比较

标准Ⅰ	反映独特的艺术或美学成就,是人类具有创造力的杰作	作为人类天才的具有创造力的杰作
标准Ⅱ	特定时间范围或文化地域内的建筑、纪念性雕塑、景观设计等,它们对艺术或人类聚落的可持续发展具有深远影响	是特定时间范围内或世界某一文化区域内人类价值观的重要体现,曾对建筑、技术、艺术、城镇规划或景观设计的发展有过重大影响
标准Ⅲ	是独一无二的,极其稀有或伟大的历史遗迹	能为延续至今或已经消失的传统文化或文明提供独特的见证
标准Ⅳ	能反映一个重要的文化、社会、艺术、科学、技术或工业发展的结构特征的实例	是一种建筑、或建筑技术、或景观的典范,展现人类历史上的一个(或多个)重要时期
标准Ⅴ	一种在自然状态中易于损坏,或在不可逆的社会、经济、文化变迁下变得衰败的,并能反映重要的传统建筑形式、建筑方法或人类聚落特性的实例	是传统人类聚落、土地利用或海洋开发的典范,代表一种(或多种)文化或人类与环境的相互作用,尤其是面临不可逆变化的影响而变得易于损坏的部分
标准Ⅵ	通过人、事件与具有突出的历史性重要价值的思想、信仰有重要的相关性	与具有突出的普遍意义的事件、活态传统、观点、信仰、艺术或文学作用直接或物质相关

遗产的社会价值在国际社会目前也已经得到普遍接受。1994 年世界遗产委员会首次提出关于世界遗产保护的 4C 全球战略,即 Creditability(建立可信的世界遗产名录)、Conservation(加强对遗产的保护)、Capacity Building(进行世界遗产管理和保护的能力建设)、Communication(促进遗产各利益相关方的沟通)。而 2008 年其又增加了 Community(社区参与)。世界遗产保护全球战略从 4C 到 5C 的转变,体现了遗产保护本身的社会性和社会参与遗产保护的普遍要求(屠李,赵鹏军,张超荣,2016)。2008 年英国遗产处(English Heritage)的官方文件《保护原则、政策和引导:历史环境的可持续管理》明确将遗产价值分为证物、历史、美学和社会价值

(表2.2),并提出遗产的社会价值来源于现在对过去事件的共鸣,是通过与遗产相关的不同群体和社区之间的持续互动的历史过程所得到的社区认同、地方依恋等(English Heritage,2008)。

表2.2 英国《保护原则、政策和引导:历史环境的可持续管理》对遗产价值的分类和定义

类别	定义
证物价值	遗产对过去相关的人类活动产生证据的可能性
历史价值	遗产将过去的人们、事件和生活的方方面面与现在相联系
美学价值	人们从遗产获得的感知描绘和心智激励
社会价值	遗产对与其密切相关的或者有相关的集体经历或记忆的人们的意义

2) 引入经济学视角的分类

脱离出传统的历史学和文化学视角,一些学者在对支撑遗产保护的已有的研究和知识进行重新思考的情况下,开始从经济学视角考虑遗产价值,并衍生出新的遗产价值类型——经济价值,有关遗产经济价值的相关研究主要关注哪些遗产价值可以被合理地用价格来反映,哪些因素决定遗产保护的资源分配决策。Frey(1997)则基于经济学视角,认为政府和各个部门所实施的遗产保护,会产生可以被用于其他目的的机会成本(如人力、物力投入等),为了理性地决策保护资金的使用,应该进行经济价值的评价。在这一认识下,他将遗产价值分为货币、选择、存在、遗赠、声望和教育价值6类。Zancheti等(1997)则将遗产价值分为文化价值和社会经济价值2大类,而文化价值又包括认同、美学、技术以及稀有价值4小类,社会经济价值则包括经济、功能、教育以及政治价值4小类。

1997年英国遗产处(English Heritage)的官方文件《保持历史环境:未来的新视角》对遗产价值的分类相对全面和均衡,其将遗产价值分为6类,分别为文化、教育和学术、经济、资源、娱乐、美学价值。Mason(2002)在归纳前人的分类的基础上,将遗产价值分为社会文化价值和经济价值2大类,其中社会文化价值细分为历史、文化、社会、精神以及美学价值5小类,经济价值细分为使用价值和非使用价值2小类(表2.3)。社会文化价值的子分类并不是完全分离的,其存在着大量的重叠;而经济价值的子分类,则趋向于分离和独立。他认为这一分类只是构建了一个共同的起点,应针对不同的遗产保护情况对其进行修改。

国内学者也基于不同视角对遗产价值进行了分类和阐释。徐嵩龄等(2003)认为遗产具有共同的文化价值,包括美学、精神、历史、社会学、人类学和符号价值等,并在此基础上派生出经济价值。肖建莉(2012)将遗产价值分为存在价值(内在价值)和使用价值(外在价值),前者是主导价值,考虑的是遗产保护的等级以及社会效益,后者是附属价值,考虑的是遗产利用的门槛以及经济收益。陈耀华、刘强

(2012)则将遗产价值分为本底价值、直接应用价值和间接衍生价值3类,其中本底价值包括科学、历史文化和美学等价值,直接应用价值包括科学研究、教育启智、旅游休闲、山水审美、实物产出等价值,间接衍生价值包括产业发展、社会促进等价值。

表2.3 Mason(2002)对遗产价值的分类和解释

价值分类		相关解释
社会文化价值	历史价值	历史价值是遗产概念的根基。遗产最基本的性质和意义就是它可以与过去建立联系。历史价值可以由多种方式获得:遗产的年代、与人或事件的联系、珍贵性或独特性、工艺品质、可能的档案和文件等
	文化/符号价值	文化价值是遗产概念的一部分。遗产都具有文化价值。文化/符号价值指的是与遗产相关的又不是历史意义的那些共享的意义
	社会价值	遗产的社会价值促进社会联系、网络和其他关系,与遗产的核心历史价值的关联不大。遗产地的社会价值可能包括社会活动聚集地的使用,并不直接利用历史价值,但是与公共空间的品质相关。社会价值还包括遗产价值的"场所依赖",指的是社会融合、社区认同,或者社会群体从他们家园的特殊遗产和环境特征中所获取的归属感等
	精神/宗教价值	遗产地有时与宗教或其他神秘意义相联系。精神价值有时来自有组织的宗教的信念和教义,在对遗产地的游览中会有惊奇和敬畏的体验
	美学价值	美学价值被广泛认为是社会文化价值的一种类型。美学指的是遗产的视觉品质。美学价值很大一部分来自人类感觉,是社会文化价值中最个体化的一种
经济价值	使用(市场)价值	使用价值就是市场价值——最容易被赋予一个价格的价值。物质遗产的使用价值指的是从中产生的、在已有市场中可交易和可标价的商品和服务
	非使用(非市场)价值	经济学领域将非使用价值描述为从遗产的公共产品特征产生的价值。这些特征具有非竞争性和非排他性。这一价值常常被细分为存在价值、选择价值和遗赠价值

纵观不同学者和组织对遗产价值已有的分类(表2.4),主要是基于历史文化角度的社会文化价值和基于经济角度的经济价值。事实上,这两大类价值之间有着紧密的联系,也存在大量的重叠,经济本身就是一种显性的文化,经济难以从文化中剥离,所以这样的分类会显得站不住脚。但是基于不同的概念框架和方法论的社会文化价值和经济价值的分类,之所以被广为接受,是因为它们对于理解同一范围的遗产价值是两种可选择的方式,为遗产价值的评价带来了便利。

然而近年来人们对遗产的多重价值的理解,在某种程度上源于这一认知,即遗产保护会产生文化、经济、政治和社会结果,这一认知导致了遗产价值的"工具化"

现象日益凸显。1970年代以来,世界各国政府和公共部门普遍开始提供资金支持遗产保护。在前述认知下,政府开始要求这些被支持的遗产保护项目必须影响当地的经济、社会、政治等的发展,对遗产保护的支持开始建立在其满足政府发展目标的前提下,而不是遵循遗产保护领域的内在逻辑。遗产价值的多样性价值被"工具化",本质上已经成为遗产保护的"威胁"。所以,尽管"遗产价值是时空的社会建构"的观念日渐增加,遗产保护领域仍有对"内在价值"的观念顽固的坚持,以及将其与遗产的更加明显的工具化作用相分离的愿望(Pendlebury,2009)。

表2.4 国内外不同学者和组织对遗产价值的分类

学者和组织	遗产价值分类
Reigl(1902)	纪念价值、当代使用价值
ICOMOS(1931)	历史价值、艺术价值、科学(考古)价值
UNESCO(1972)	历史、艺术、科学角度具有突出的普遍价值
Frey(1997)	货币价值、选择价值、存在价值、遗赠价值、声望价值、教育价值
Zancheti(1997)	文化价值(认同价值、美学价值、技术价值、稀有价值)、社会经济价值(经济价值、功能价值、教育价值和政治价值)
English Heritage(1997)	文化价值、教育和学术价值、经济价值、资源价值、娱乐价值、美学价值
Australia ICOMOS(1979)	美学价值、历史价值、科学价值、社会价值、精神价值
Mason(2002)	社会文化价值(历史价值、文化/符号价值、社会价值、精神/宗教价值、美学价值)、经济价值(使用价值、非使用价值)
徐嵩龄等(2003)	文化价值(美学价值、精神价值、历史价值、社会学价值、人类学价值和符号价值)、经济价值
English Heritage(2008)	证物价值、历史价值、美学价值、社会价值
肖建莉(2012)	存在(内在)价值、使用(外在)价值
陈耀华、刘强(2012)	本底价值(科学价值、历史文化价值和美学价值)、直接应用价值(科学研究价值、教育启智价值、旅游休闲价值、山水审美价值、实物产出价值)、间接衍生价值(产业发展、社会促进)

2.1.2 传统村落的遗产价值分析

对于传统村落的遗产价值分类,国内已有部分学者进行了相关研究。2006年通过的《西塘宣言》指出传统村落有经济、文化、历史、旅游、欣赏价值。王云才等(2006)认为传统村落"代表着特定环境中和谐的人类聚居空间,有着悠久的历史,承载着璀璨的地域文化",其遗产价值主要包括历史和文化价值。朱启臻、芦晓春(2011)认为传统村落的存在有其自身发展的规律,应该从农业生产、生态、文化与社会等角度认识和理解其存在价值,主要包括农业生产价值、耕地保护与利用价值、生态价值、社会文化价值。薛宝琪、范红艳(2012)则认为传统村落与历史文化村落和古村落内涵基本一致,其遗产价值主要包括文化、科学、艺术和旅游价值。杨锋梅(2014)提出传统村落的保护和利用价值这一概念,包括历史、文化、艺术、科学、旅游和开发利用价值,这一研究旨在为传统村落的保护与开发提供依据。

当前遗产保护领域普遍认为,遗产是从历史和文化角度外在施加了特殊意义的载体,即现阶段从历史和文化角度来建构遗产的历史、文化和社会价值仍然是最为重要的(Pendlebury,2009)。结合已有学者对传统村落遗产价值的分类,本书认为应该从历史和文化的角度分析传统村落遗产价值,主要包括历史文化价值和社会价值。

传统村落的历史文化价值主要有:①传统村落见证着特定地域乡村聚落的形成和演变。传统村落始建年代久远,经历了不同朝代的更迭兴替,承载着丰富厚重的历史信息。在中国传统的"天、地、人"文化以及特定地域文化的影响下,我国不同地区的传统村落在村落选址、空间格局、传统风貌、传统建筑等方面呈现出不同的特点。②传统村落记录着不同时期且具有典型地域特色的传统建筑文化。传统村落保存有相当数量、不同类型的传统建筑以及历史环境要素,如祠堂、民居、庙宇、驿道、渡口、石磨、古树、古井、古墓或者古遗址。③传统村落传承着具有典型地域文化精髓的非物质文化遗产。

传统村落的社会价值主要有:①传统村落承载着农村的生产生活。传统村落是特定地域内农民世世代代生产生活的场所,目前仍以农业人口居住生活和从事农业生产为主。②传统村落维系着村民的精神家园。传统村落是基于血缘和地缘关系自然形成的农村社区,在村民与传统村落的长期互动过程中,村民会形成强烈的社区认同和地方依恋。

2.2 传统村落遗产价值评价理论框架

2.2.1 遗产价值评价的理论框架和相关方法

1) 遗产价值评价的理论框架

通过对遗产价值分类和评价相关文献的回顾,本书从评价目的、评价内容、评价方法和评价机制4个方面归纳了遗产价值评价的理论框架(图2.1)。

评价目的:有效理解遗产,支撑保护决策。遗产价值评价基于以下假设:①遗产保护被理解为一个社会文化活动,而不是简单的技术实践;②对遗产本身的特征和对遗产保护的社会、文化、经济、行政等背景的理解同样重要;③遗产价值评价是理解遗产本身特征和遗产保护背景的有效方式。遗产价值评价作为遗产保护的重要环节,其重要程度已经得到广泛的认可。遗产价值评价旨在为遗产保护决策提

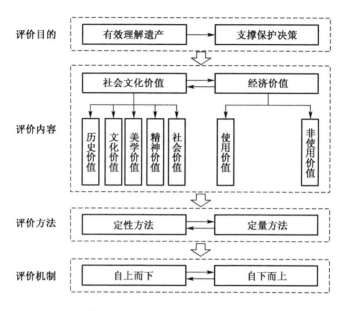

图 2.1 遗产价值评价的理论框架

供完整和准确的信息,它在很大程度上影响着遗产保护的决策(Bluestone,2000;Pendlebury et al,2014)。

评价内容:社会文化价值和经济价值。已有的遗产分类将遗产价值主要分为社会文化价值和经济价值。社会文化价值是从历史学、文化学视角所建构的遗产的意义,该价值依附于物体、建筑或场所,它对于人们或社会群体的意义来自年代、美观、艺术性以及与重要的人物、事件的联系等,主要包括历史价值、文化价值、社会价值、精神价值和美学价值等。经济价值是从经济学视角所建构的遗产的意义,将遗产理解为一种公共物品,反映的是集体决策,包括使用价值、非使用价值。社会文化价值和经济价值的很多内容重叠,区别在于它们基于不同的学科去构建并用不同的分析方法去评价。而更具包容性的遗产价值评价和不同价值的整合,会指引更好的、更可持续的遗产保护。具体到一项遗产价值评价,所评价的遗产价值的类型的选择则来自对遗产背景的分析,包括地理和物质环境、历史格局、社会进程以及保护发展等(Mason,2002;Mason,2008)。

评价方法:定性方法和定量方法相结合。遗产价值评价由一系列独立而又紧密相关的部分组成,一般可以分为三个部分(图 2.2):识别问题所涉及的遗产价值类型,引出和阐述,以及排序和优先这些不同的、时常会冲突的遗产价值。其中"引出和阐述"部分,根据研究问题确立的遗产价值类型,需要选取和使用相关的评价方法去引出和阐述不同的遗产价值。没有单一的学科和方法可以对遗产的社会文化价值和经济价值进行全面而又有效的评价,因此在任何一个全面的遗产价值评价中,需要依据遗产价值类型整合使用来自人类学、文化学、民族志学、经济学等不同学科的定性和定量方法。两种方法试图衡量同样的遗产价值,但是它们来自不同的认识论,基于不同的视角,使用不同的工具和话语,产生不同的评价结果,很难在同一尺度上衡量和比较。尽管它们被看作是矛盾的范式,但是它们所产生的信息常常是互相补充的(Throsby,2000;Mason,2002;Mason,2008)。

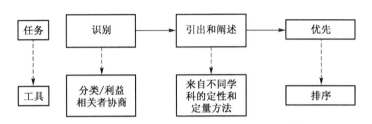

图 2.2 遗产价值评价过程

评价机制:"自上而下"与"自下而上"相结合。"自上而下"的评价机制,建立在"历史和艺术价值相对于其他类型的遗产价值是优先的"这一基于历史学、艺术学或考古学的观念之上,主要是单一学科的专家基于遗产的历史和艺术方面的特征对其"文化重要性"进行识别和阐述。而遗产价值天生具有多样性,源于不同的利益相关者,蕴含着不同而又时常冲突的利益的解决方法,因此应由不同的利益相关者识别出不同的遗产价值,"自上而下"的评价机制却忽视了这一点。"自下而上"的评价机制,通过既定的遗产价值类型的有效指引,促使专家、公民、社区、政府等遗产保护的利益相关群体在共同的语境下,有效地表达、讨论和比较各方所构建的遗产价值(Mason,2002)。

2)社会文化价值的评价方法

社会文化价值的评价主要以定性方法为主,因为一些遗产价值(如精神价值)天生就难以比较或衡量,定性方法对于遗产价值的性质及其相互作用的研究有着先天的优势,在遗产保护领域已经成为不可缺少的方法。其具体包括专家分析、民族志、一手调查和历史叙事、绘图、文献搜索、数据描述等。

专家分析(Expert Analysis)是遗产价值评价的最传统和重要的方法之一,主要是来自人文专业领域的专家学者们运用相对标准的方法去记录和分析遗产:包括理解遗产的演变和使用、识别原始的要素和材料、帮助解释艺术家或创作者的"初始意图"、找出遗产的内在要素(设计、材料构成等)和外在要素(环境、人类干预等)与已有变化的联系等。但是通过这一方法得到的评价结果常常局限于专业内部,忽视了其他利益相关者的意见,与现阶段所倡导的广泛的公众参与存在一定的对立。因此,专家分析法目前也已经试图与其他评价方法相融合,意在从其他利益相关者那里获取相关价值评价信息(Mason,2002)。

人类学领域的民族志(Ethnography)也被用于遗产价值评价活动中,主要通过包括公众会议、人物访谈、小组讨论、口述历史等各类信息收集活动,描述和记录文化特征,典型案例是遗产价值评价项目美国国家公园服务(National Park Service)中的快速民族志评价程序(Rapid Ethnographic Assessment Procedure)的应用(Low,2002)。

一手调查和历史叙事(Primary Research and Writing Historical Narratives)在遗产保护领域的运用主要是由另一个遗产保护重要的推动力量——社会历史学家,在第一手调查的基础上,通过故事的建构记录、描述和解释与历史价值相关的社会现象(Mason,2002;Mason,2008)。

绘图(Mapping)是遗产保护领域进行遗产价值评价的传统方法,从事遗产保护研究和实践的人文领域的专家、建筑师、规划师常常使用这一方法图示信息,主要通过将数据在地图上标注的方式来记录信息。除了专家,绘图法也可以由社区成员和其他非专业人士使用,如感知地图的绘制等。而 GIS 技术的引入显著提升了绘图法在遗产保护领域的作用。

文献搜索(Secondary Literature Search)是一种不容忽视的快速获取遗产保护相关信息的便利方法,这一方法旨在提供具有时效性的、广泛可得的在线文献目录和信息索取资源。

数据描述(Descriptive Statistics)作为最简单的定量研究方法被广泛用于定性学科,这也从侧面说明了定量和定性研究方法的认识论本质上是无法完全分离的。目前较为普遍的数据描述方式是内容分析和人口统计分析,采用图表等方式对遗产地现状进行分析(Mason,2002;Mason,2008)。

3)经济价值的评价方法

经济价值的评价主要以定量方法为主,产生的结果更容易比较,所以常常被政策制定者使用。具体包括显示偏好法和陈述偏好法等。

显示偏好法(Revealed-Preference Methods)主要是对已经市场化的遗产物质实体及其相关服务进行数据化的描述和分析,包括经济影响研究(Economic Impact Studies)、特征价格法(Hedonic Pricing Methods)、出行成本法(Travel-Cost Methods)。经济影响研究因为运用简单而广受欢迎,它旨在分析遗产项目投资所产生的有形的经济收益,以确立遗产投资的部分使用价值和外部性,但是这一方法由于忽视了遗产投资的机会成本而受到质疑。特征价格法用于衡量遗产反映在相关市场交易中的非使用价值。出行成本法通过与遗产使用和消费相关的出行开支衡量遗产的价值,这一方法只能衡量可以转化为个人出行决策的那部分遗产价值(Mourato,Mazzanti,2002;Ruijgrok,2006;Mason,2008)。

陈述偏好法(Stated-Preference Methods)是通过调查人们在假想市场中的假设的选择来分析价值判断,包括条件价值法(Contingent Valuation Methods)和选择模型(Choice Modeling)等。条件价值法通过个体在假想市场中愿意支付的价格

(willingness to pay)去衡量遗产的总价值,但是并不细分这一价值,通过对个体估价和决策的整合得到总结果。这一方法因为能使遗产价值从定性向定量转化而开始得到更加广泛的使用。选择模型通过参与者对不同类型的遗产价值的回应,衡量与遗产的不同特征相联系的遗产价值类型。这一方法因为能够细分不同类型的遗产价值,所以才能成为遗产价值评价的潜在方法,但是对于那些无形的、难以用价格衡量的价值(如精神价值)仍然难以衡量(Mourato,Mazzanti,2002;Ruijgrok,2006;Kim et al,2007;Mason,2008)。

2.2.2 传统村落遗产价值评价的理论框架构建

作为一类文化遗产,传统村落遗产价值评价的重要性已经得到广泛的认可,2013年住建部发布的《传统村落保护发展规划编制基本要求(试行)》对此也进行了强调,该文件指出应通过对一定区域范围(地理区域、文化区域、民族区域)内传统村落特点的分析和比较进行历史、科学、艺术、社会等价值的评价。对传统村落的遗产价值的评价,国内已有部分学者和组织进行了相关研究,主要是通过指标体系的建立进行定量评价。王云才等(2006)从历史久远程度、保护完整程度、乡土建筑特征、自然环境协调和传统文化传承5个方面建立指标体系,并以北京市门头沟区的传统村落为例进行了实证研究,并通过分级赋值和价值指数对案例传统村落进行了分类。赵勇等(2006)基于专家评判角度,从物质文化遗产和非物质文化遗产两个方面建立了由3个层次、15项指标所构成的历史文化村镇保护的评价体系;并在2008年通过对价值特色和保护措施的整合对原有体系进行了修正,而且新评价体系更为强调直接测度、定量评价和实际可操作性。黄家平等(2011)提出了由历史文化遗产(包括物质文化遗产和非物质文化遗产)、村镇概况(包括自然地理、经济社会、公共设施)和居民保护意向(包括认知度、支持度、满意度)三大部分组成的历史文化村镇基础数据框架,并建立了指标体系。2012年住建部、文化部、国家文物局和财政部共同发布的《传统村落评价认定指标体系(试行)》,从传统建筑、选址格局和非物质文化遗产三个方面建立指标体系,以此对国家和地方政府所认定的具有遗产价值的传统村落进行"评优"。

本书在对传统村落遗产价值进行分析的基础上,基于遗产价值评价理论框架和相关方法,构建了传统村落遗产价值评价的理论框架(图2.3)。

评价目的:理解传统村落,指导保护实践。通过有理论支撑又切实可行的传统村落遗产价值评价,一方面能使与其保护相关的利益主体对传统村落及其保护背景有着更为全面和有效的理解,另一方面,能够对有遗产价值的传统村落进行选择和归类,并以此为基础采取不同的保护方式对其进行有侧重的保护(赵勇,张捷,李娜等,2006;赵勇,张捷,卢松等,2008)。

评价内容:历史文化价值和社会价值。本文从历史和文化的角度,将传统村落

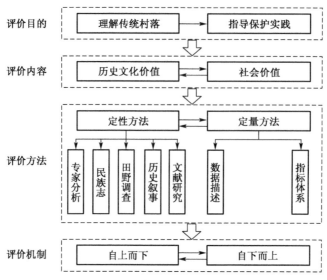

图 2.3 传统村落遗产价值评价理论框架

遗产价值分为历史文化价值和社会价值：历史文化价值主要包括对乡村聚落形成和演进的见证、对地域建筑文化的记录、对地域非物质文化的传承；社会价值主要包括对农村生产生活的承载、对村民精神家园的维系。

评价方法：定性方法为主，定量方法为辅。由于定性方法对遗产的社会文化价值的评价有着定量方法所不具备的先天优势，所以在对传统村落的历史文化价值和社会价值进行评价时，仍需要以定性方法为主，主要包括专家分析、民族志、田野调查、历史叙事、文献研究等。而定量方法在对传统村落进行比较和归类时几乎是必不可少的，主要包括数据描述和指标体系等。

评价机制："自上而下"和"自下而上"相结合。"自上而下"的评价机制，主要是由建筑学、历史学、考古学、人类学等学科的专家对传统村落的历史文化价值进行识别和阐述。而"自下而上"的评价机制则由与传统村落保护相关的政府、专家、村民等多方利益相关群体参与，从历史和文化的角度，对其历史文化价值和社会价值进行阐述、讨论和比较，与其相关的内容是遗产价值评价结论形成的关键。

2.3 遗产价值导向的传统村落保护的理论框架

2.3.1 国际遗产保护政策中的传统村落保护

国际遗产保护政策体系中目前并没有直接针对"传统村落"这一特定遗产类型的政策文件，但是目前已经受到遗产保护领域广泛认可的国际宪章、宣言等政策文件中已有不少与"传统村落"相关的遗产类型，如"历史古迹""建筑群""历史地区"

"乡土建筑遗产""历史性城市景观"等。这些丰富而又多元的遗产概念以及与之相关的保护的认识论和方法论对于传统村落保护理论框架的建立具有极为重要的借鉴意义。

1) 作为"历史古迹"的传统村落

被称为 20 世纪前半叶关于遗产保护领域争论的里程碑式的文件——国际古迹遗址理事会(ICOMOS)于 1964 年颁布的《关于古迹遗址保护和修复的国际宪章》即《威尼斯宪章》，主要关注历史古迹及其所包含的"环境(setting)"的物质实体原真性的保护。这一文件认为历史古迹"不仅包括建筑单体，还包括能见证一种独特的文明、一种有意义的发展和一个历史事件的城市或乡村环境"，这一定义对"乡村环境"的提及可以被视为国际政策中最早对传统村落保护的涉及。

该文件针对历史古迹的建筑功能、建筑布局、建筑装饰、传统环境的主体和颜色关系等提出了几点保护措施：①注重日常维护，用途以社会公用为主；②杜绝任何可能会导致周围环境中的建筑主体和颜色关系产生变化的建设活动；③历史古迹的功能改变要以不改变建筑布局和装饰为前提；④一般情况下不可全部或局部搬迁历史古迹，包括其中的雕塑、绘画或装饰品，只有在不移动无法保存的情况下方可移动；⑤历史古迹的修复必须先进行考古学、历史学等专业研究，尊重原始材料，依据确凿文献，任何不可避免的改变都要有所区别和标注；⑥历史古迹和遗址应该专门对其进行保护管理，并确保以合适的形式进行展示(ICOMOS,1964)。由于该文件起草时间较为久远，起草者主要是修复师和艺术史学家，所以它所提出的保护措施仍然局限于建筑学视角，对于传统村落保护虽有一定的借鉴意义，但是却是极其有限的(屠李,赵鹏军,张超荣,2016)。

2) 作为"建筑群"的传统村落

1972 年联合国教科文组织(UNESCO)的《保护世界文化和自然遗产公约》(简称《世界遗产公约》)一直被视为遗产保护领域的关键性突破，主要原因有如下 3 点：①探讨了近百年的遗产保护的基本原则(原真性和完整性)第一次正式出现在国际性的政策文件中；②原本分属于自然和文化遗产领域的保护原则得到整合；③在保护和管理具有"突出的普遍价值"的古迹遗址方面建立了一个国际层面的责任体系(Bandarin,van Oers,2012)。按照公约对文化遗产类型的划分，传统村落属于其中的"建筑群(building group)"一类，即"其建筑、类型或地理位置在历史、艺术或科学方面具有突出的普遍价值的单个或结合的建筑物"，这一划分沿用至今。目前已有 30 多处传统村落被列入《世界遗产名录》，我国仅有西递村、宏村和开平村 3 处(屠李,赵鹏军,张超荣,2016)。

该公约体现了国际社会对文化和自然遗产在国际和国家层面的保护管理的关注，尤其强调一个国家政府对其所属的文化遗产的评定、保护、展示和传承等方面所应承担的责任:①制订政策时应考虑到遗产在社会生活方面所起的作用,并将遗产工作纳入更为综合的计划中;②应设立专门负责遗产保护、保存和展示的机构;③发展与遗产保护相关的科学研究,并在实践中探索具体保护方法;④采取适当的法律、技术、行政和财政措施去评定、保护、保存、展示和恢复遗产(UNESCO,1972)。总的来说,这一公约虽没有为传统村落保护带来概念上的突破,但公约中关于遗产的类型划分和保护管理的方法论的陈述,却对传统村落保护实践产生了较为直接的影响(屠李,赵鹏军,张超荣,2016)。

3)作为"历史地区"的传统村落

"历史地区(historic area)"的概念是由联合国教科文组织(UNESCO)于1976年在《关于历史地区的保护及其当代作用的建议》(即《内罗毕建议》)中首次提出,即"包含考古和古生物遗址的任何建筑群、结构和空旷地,它们构成城乡环境中的人类居住地,从考古、建筑、史前史、历史、艺术和社会文化的角度看,其凝聚力和价值已得到认可"。根据这一定义,传统村落同样属于其中一种类型的"历史地区"。该文件提出,历史地区不仅在现代生活中生动地见证着过去,而且在时间和空间两个维度中体现着人类文化的多样性;历史地区及其周围环境应该被看作是有机互联的统一体;历史地区的空间环境特色需要采取新的行动进行保护;应该将遗产保护与文化复兴、社区发展相结合,以维护历史地区的传统社会结构和功能;应该采取行政、法律、技术、经济和社会等方面的措施去保护历史地区及其周围环境,并制定公共政策去保障国家、地区和地方政府能够实施这些措施(屠李,赵鹏军,张超荣,2016)。另外,该文件还特别提出应对具有历史意义的农村社区中社会、经济、环境的所有变化进行管控(UNESCO,1976)。总的来说,该文件对"历史地区及其周围环境"保护的共识体现了其对保护规划的作用的高度信任以及对公共资金容量过于乐观的观念(Bandarin,van Oers,2012)。尽管如此,它所阐述的保护理论对传统村落保护仍然有重要的借鉴意义。

4)作为"乡土建筑遗产"的传统村落

为了弥补《威尼斯宪章》对城市以外地区的建筑遗产的忽视,1999年国际古迹遗址理事会(ICOMOS)制定了《关于乡土建筑遗产的宪章》。该宪章明确指出"乡土建筑遗产(built vernacular heritage)"的概念和内涵,认为乡土建筑遗产应该具备以下特征:体现了某个社区共同的建筑方式;具备可识别性的地域特征;具备一致的建筑风格、形式、外观、功能;是对传统建筑设计和建造技术的非正式的传承;是在一定的环境、社会和功能限制下的产物;是对传统的建造技术和工艺的合理运用(屠李,赵鹏军,张超荣,2016)。

乡土建筑遗产保护的原则和方法主要有以下几点:①应深入理解乡土建筑遗产转变和发展,并尊重其所在社区已形成的文化特征;②应尊重乡土建筑、建筑群、村落文化价值和传统特色;③其乡土性的保护依赖于对地域特色明显的建筑群和村落整体的保护;④乡土性不仅体现在物质实体中,也在于认知以及利用它们的方法,以及由它们所引起的关于传统的联想中,因此与乡土性有关的传统建筑技术应该被保存,并传承给下一代;⑤应尊重和维护场所的完整性,进行保护干预时须考虑乡土建筑遗产和物质文化景观的联系以及乡土建筑之间的关系;⑥为了满足当前的生产生活需求而对乡土建筑进行改造以及再利用时,应尊重其原有的建筑结构、形态和风貌的完整性(ICOMOS,1999)。

"乡土建筑遗产"可以说是基于建筑学视角对传统村落的理解,其保护重点在于乡土建筑以及建筑群,对其所在村落的周边环境、空间格局、传统风貌、生活方式等要素的传承关注较为欠缺,但是它的保护原则和方法对传统村落中的传统建筑的保护来说是值得借鉴的(屠李,赵鹏军,张超荣,2016)。

5)作为"历史性城市景观"的传统村落

2000年以来,联合国教科文组织(UNESCO)和国际古迹遗址理事会(ICOMOS)等国际遗产保护组织为应对全球化、城镇化和现代化所带来的新挑战,对现代遗产保护的范式展开了新一轮的探讨并寻求改进,并由此产生了"历史性城市景观(historic urban landscape)"的概念以及方法。2005年,"世界遗产与当代建筑"国际会议的成果《维也纳保护历史性城市景观备忘录》中首次提出了"历史性城市景观"这一概念,之后在2011年联合国教科文组织(UNESCO)的《关于历史性城市景观的建议书》中对该定义进一步完善和修正,即"文化和自然价值及属性在历史上层层积淀而产生的城市区域"。"历史性城市景观"脱胎于特定空间内在不同时间已有的各种社会表现形式和发展过程,它的决定因素主要包括"土地使用模式、空间组织、视觉关系、地形地貌以及技术性基础设施的各个部分"。"历史性城市景观"超出了之前的"历史古迹""建筑群""历史地区""乡土建筑遗产"等遗产类型的概念的范畴,它是在可持续发展战略目标下提出的一种对城市遗产进行认知、评估、保护和管理的全面而又综合的方法,该方法旨在通过对遗产的自然和社会的持续变化的管理协调遗产的过去、现在和未来(UNESCO,2011;屠李,赵鹏军,张超荣,2016)。

历史性城市景观的保护原则和方法主要有以下几点:①城市的传统包括功能用途、社会结构、经济发展和政治环境,应对它们进行合理的认知和管理;②历史城市的城市规划以及相关管理政策的制订要围绕遗产保护展开,不能破坏其真实性和完整性;③对遗产地历史、文化和建筑的深入认知对于保护框架的形成至关重要;④慎重考虑任何一个干预决策,应依据对历史和文化要素的关注程度来选择适当的策略;⑤对"历史性城市景观"的结构性干预应基于对其遗产价值和意义的调查分析,物质和功能性干预则是在不损害其结构与形式特征所表现出的遗产价值的前提下,对其进行用途调整;⑥应通过恰当的干预措施来延续传统文化,杜绝任何形式的伪历史设计；⑦决策者、开发商、规划师、建筑师、文保工作者和其他利益相关者之间应通过协商共同保护遗产。"历史性城市景观"的保护方法强调保护管理的重要性，提出为了应对当今和未来的种种挑战，应从短期和长期两个时间维度建立协调保护与可持续性的管理机制（UNESCO，2011；屠李，赵鹏军，张超荣，2016）。

虽然"历史性城市景观"的概念和方法仍在不间断地探讨和更新之中，但是它反映了遗产保护理论和实践在近20年内受到全球化、城镇化、现代化冲击所产生的变化，这些变化主要来自对当前的保护实践看待角度的转换：以更宽泛的视角看待遗产，更多地考虑遗产的社会和经济作用，重新评价遗产价值对当今社会的贡献，通过对改变的管控应对未来发展。总的来说，"历史性城市景观"的概念及方法为新时期我国传统村落保护的理论框架的构建及保护过程的重构提供了新的视角，具有重大的借鉴意义（屠李，赵鹏军，张超荣，2016）。

2.3.2 遗产价值导向的传统村落保护的理论框架构建

通过对传统村落遗产价值的分析，以及对国际遗产保护政策中与传统村落相关的遗产类型的保护方法论的回顾和借鉴，本书构建了遗产价值导向的传统村落保护的理论框架（图2.4）。

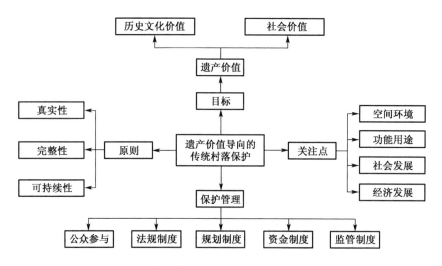

图2.4 遗产价值导向的传统村落保护的理论框架

1) 目标：维护传统村落的遗产价值

传统村落的遗产价值是遗产价值导向的传统村落保护的理论框架的核心内容和基本目标，主要包括历史文化价值和社会价值。传统村落的历史文化价值主要有：①传统村落见证着特定地域乡村聚落的形成和演变；②传统村落记录着不同时期且具有典型地域特色的传统建筑文化;③传统村落传承着具有典型地域文化精髓的非物质文化遗产。传统村落的社会价值主要有:①传统村落承载着农村的生产生活;②传统村落维系着村民的精神家园。

2) 原则:真实性、完整性和可持续性

真实性、完整性和可持续性是传统村落保护的基本原则和核心要求。自1960年代遗产保护领域开始出现真实性(authenticity)这一概念以来,直到今天它的意义已经不再局限于原本的字面意思(阮仪三,林林,2003)。1964年国际古迹遗址理事会(ICOMOS)通过的《威尼斯宪章》中"真实性"首次以概念形式明确出现,指出"真实而完整地传承文化遗产是我们的职责",并试图将其应用到实践层面。该文件虽然没有对"真实性"进行明确的定义,但是却提出遗产的真实性应该在4个要素中有所体现,即外形、材料、技术和环境。然而,欧洲文化背景下的"真实性"原则,在亚洲、非洲等其他文化背景国家的遗产保护实践中却难以得到遵循,因而广受质疑(屠李,赵鹏军,张超荣,2016)。1994年联合国教科文组织(UNESCO)通过的《关于真实性的奈良文件》在赞同"真实性"原则在以往的遗产保护实践中所起到的不可替代的作用的前提下,指出文化差异的存在使得真实性难以在不同地区拥有共同的评价标准。尽管如此,《实施〈世界遗产公约〉的操作指南》仍然在历经多次修改后的2017版的第82条统一提出了检验文化遗产真实性的基本要素,包括:外形和设计;材料和物质;用途和功能;传统、技术和管理体系;区位和环境;语言和其他形式的非物质遗产;精神和感受;其他内因和外因。

事实上,完整性(integrity)是"原真性"在某些特定方面的表现。这一概念亦是在《威尼斯宪章》得以首次提出,旨在通过对周边环境的缓冲来维护历史古迹的遗产价值,为"完整性"内涵的进一步深化指明了方向。国际古迹遗址理事会(ICOMOS)欧洲委员会1975年发布的《关于建筑遗产的欧洲宪章》对建筑遗产保护提出了"完整性保护(integrated conservation)"的原则,不仅要保护纪念性建筑,还应保护次要建筑群及其自然环境和人工环境。2005年国际古迹遗址理事会(ICOMOS)的《西安宣言》提出应保护遗产的周边环境及与之相关的全部历史、经济、社会、精神、风俗以及文化行为(屠李,赵鹏军,张超荣,2016)。

"完整性"原则意味着对物质和非物质、过去与未来、人造与自然等多方面遗产要素的综合考虑(镇雪锋,2007;吴尧,2010)。2017版的《实施〈世界遗产公约〉的操作指南》第88条进一步指出"完整性"是用来衡量文化遗产及其特征的整体性和无缺憾性的重要标准,主要包括:"所有能体现出其突出的普遍价值的要素;足够规模的面积,以确保代表所有能体现遗产价值的特征和过程;受到发展所带来的负面影响或缺乏维护。"

长期占据主流地位的非可持续性的文化遗产保护始终围绕保护"真实"进行探讨,直到20世纪末"可持续性(sustainability)"概念的引入,保护"意义"才逐渐为人所重视。"保护领域以及其他领域通往未来的关键是可持续性,布伦特兰提出的'可持续发展的概念指的是一种既满足当前需要又不损害子孙后代满足他们需要的能力的发展',这与保护文化遗产'将尽可能多的意义传承给后人'的目标不谋而合。"(比尼亚斯,2012;屠李,张超荣,赵鹏军,2015)2005年,《维也纳保护历史性城市景观备忘录》首次提出了"可持续性保护",认为历史性城市景观"应综合考虑当代建筑、城市可持续发展和景观完整性之间的关系"。2006年,第二届文化遗产保护与可持续发展国际会议的成果《绍兴宣言》提出应该"把遗产保护纳入可持续发展规划和实践进程"。"可持续性"概念开始让人们思考为"谁"而保护,还将原本极有可能会被忽略但针对性却很强的一个因素,即未来的使用者,引入保护实践并加以考虑。而遗产保护的保护主体也更为多元,包括与保护对象相关的所有利益相关者(包括未来的子孙后代),任何一项保护决策都需要通过利益相关者之间共同协商来达成(比尼亚斯,2012;屠李,张超荣,赵鹏军,2015)。

真实性和完整性原则下的传统村落保护,注重"真实"的保护,主要通过对其历史文化价值的物质和非物质承载要素的"真实"的维护来实现,更多地取决于专业人士的理性分析。传统村落历史文化价值的物质承载要素主要是其物质空间环境,包括周边环境、空间格局、传统风貌、传统建筑、历史环境要素等,非物质承载要素主要是其非物质文化遗产等。可持续原则下的传统村落保护,注重"意义"的保护,主要通过对其社会价值的物质和非物质承载要素的"意义"的提升来实现,更多地来自利益相关者的价值判断。传统村落社会价值的物质承载要素主要与农村生产生活相关,包括村庄环境、住房条件、基础设施和公共服务设施等,非物质承载要素主要与村民精神情感相关,包括社区认同、地方依恋等。真实性、完整性和可持续性原则下的传统村落保护,是在专家、政府、村民等传统村落的利益相关者对其遗产价值进行理性分析和价值判断的基础上,维护传统村落历史文化价值承载要素的"真实"和提升"社会价值"承载要素的"意义"。在保护中对利益相关者尽量满足多元需求、避免利益冲突,倡导以正面效应最大化、负面效应最小化为目标的协商式保护(屠李,张超荣,赵鹏军,2015)。

3) 关注点:传统村落的持续变化

通过与传统村落相关的国际遗产保护政策的变迁可以看出,国际社会的遗产保护的保护理念已经从被动地保护遗产本体转为更多地认可社会、经济、文化进程对于维护遗产价值的重要作用并试图对这些持续变化进行管控,保护手段也不再是采取单一的技术工具对物质空间环境进行维护,而是使用多样化的制度手段对空间、社会、经济、文化的持续变化进行管控(镇雪锋,2007)。作为活态文化遗产的传统村落,如何有效地协调其遗产保护与社会经济发展是其新时期保护实践中所要解决的最大问题(冯骥才,2013;陈同滨,2008)。为了能将传统村落的遗产保护与其社会经济发展有效而又紧密的结合,除了一如既往地关注其空间环境的维护之外,传统村落的功能用途、社会经济发展的持续变化也是传统村落保护中需要重点关注的部分,应该试图去理解和管控(屠李,赵鹏军,张超荣,2016)。

4) 保护管理:建立协调传统村落保护与发展的长效机制

传统村落的保护管理应以最大程度地维护遗产价值为目标,通过公众参与、法规、规划、资金、监管等制度工具建立有效协调传统村落保护与发展的长效机制。其中:①公众参与:保护过程需要组织保护专家、各级政府、村两委、村民、旅游公司等利益相关者的共同参与,通过利益相关者的认知来归纳和阐述传统村落的遗产价值。并以此为基础,勾勒出保护与发展愿景,进一步确定具体目标,并就传统村落的遗产保护和可持续发展的近期行动形成共识。②法规制度:充分考虑传统村落所在地区的实际情况,以传统村落遗产价值维护和管理为目标制定相关的法律法规。③规划制度:充分考虑传统村落的遗产价值,以真实性、完整性和可持续性为原则,充分考虑传统村落的历史文化价值和社会价值,对传统村落的空间环境、功能用途、社会经济发展的持续变化的管控做出技术规定和政策指引。④资金制度:除了国际机构和各级政府设立并下拨的保护专项资金,传统村落所在的社区应积极探索源自传统文化并能持续收益的创新发展模式,还应多方拓展相关的社会融资渠道。⑤监管制度:根据传统村落保护的有关法律法规,进一步制定能够有效维护传统村落遗产价值的监管措施及其政策保障(屠李,赵鹏军,张超荣,2016)。

3 皖南传统村落的遗产价值评价及其分类

3.1 皖南传统村落的遗产价值

依据前述的"传统村落遗产价值评价的理论框架",遗产价值天生具有的多样性源于不同的利益相关者,因此应通过不同利益相关者对遗产价值的不同的认知来分析传统村落的遗产价值。为了对皖南传统村落的遗产价值进行评价,本书采用了文献研究、专家分析、民族志(包括问卷调查、深入访谈等)、田野调查等定性研究方法,力求得到专家、政府和村民等利益相关者对皖南传统村落的历史文化价值和社会价值的认知,并由此概括和提炼出皖南传统村落的遗产价值。

3.1.1 利益相关者的遗产价值认知

1) 专家的遗产价值认知

专家对于皖南传统村落遗产价值的认知主要聚焦于其所蕴藏的历史文化价值,从历史学、建筑学、地理学、文化学、人类学等学科视角挖掘其在中华文明体系中的典型意义。对于皖南传统村落的遗产价值的分析,专家大多是从皖南山区的地域性历史文化——徽文化入手,进而分析皖南传统村落对徽文化中的物质文化、制度文化和精神文化的代表和体现,主要包括建筑文化、风水文化、徽商文化、宗族文化和新安理学5个方面。本书主要通过文献研究的方法获取专家这一利益相关者对皖南传统村落遗产价值的认知和分析。

一些从事徽学研究的学者不仅对"徽文化"做出了定义,还对其内涵和意义进行了阐述。徽文化是指发端于历史上的徽州地区以及由此发生辐射、影响于外的一种地域性文化,其地域范围主要包括当年徽州府辖的歙县、休宁、黟县、祁门、绩溪和婺源6县,当今与其相对应的行政区划范围大致是黄山市全境和宣城市绩溪县(婺源县现划入江西省)。其时间范围主要是指自北宋宣和三年(公元1121年)徽州府设立至清末期间,明清时期则是徽文化最为鼎盛的时期。世界层面,徽文化与敦煌学、藏学并列成为我国地域文化走向世界的三大显学;国家层面,曾持续兴盛几百年的徽文化在中华五千年传统文化进化史中有其独特、重要的历史地位(叶显恩,2005;刘伯山,2002)。

在"徽文化"的定义和内涵明确的基础上,一些学者从皖南传统村落的物质和非物质文化遗产的特点出发,分析皖南传统村落对徽文化的风水文化、建筑文化、宗族文化、徽商文化和新安理学的具体体现。邵甬(2011)认为皖南传统村落处于以古徽州为中心的皖南文化圈。张兵(2015)认为皖南山区自唐延续至明清时期的一千余年的徽州"一府六县"的格局使得该地区以徽文化为核心的地域文化特色显著,这一地域范围内的传统村落的历史文化价值十分鲜明。除了西递村和宏村两处世界遗产外,有着类似遗产价值的传统村落不胜枚举。

风水学说,是我国古人与自然和谐相处的理论之一,"凝聚着中国古代朴素的唯物主义哲学思想和审美科学,显示着中华民族特有的真知灼见,以朴素的科学哲理对天、地、人三者的逻辑关系作出精辟的见解"(王韡,2006)。风水学说实质是追求理想的生存与发展环境,曾对我国古代城郭、村落、宅地、葬地的营造产生了巨大影响(刘沛林,1995)。陈伟(2000)在进行历史文献(如志书、族谱)分析和田野调查之后认为,皖南传统村落的选址遵循以形势宗为蓝本的"环境风水",深受风水学说中的"形法派""山龙落脉形势为主"的影响,追求对地理环境的考察,聚落外部环境的理想模式是"左青龙、右白虎、前朱雀、后玄武"。这类选址行为在一些志书、族谱等历史文献中均有所记载。康熙《徽州府志·舆地志》曾记述,有山有水足以栖居、有鱼有稻足以宴乐的风土环境就会使人乐于安居。《歙北江村济阳江氏宗谱》曾记述,江村江氏的始祖在去往天目山经过黟山时,见到泉水四流,山峰环绕,没有水患,从而决定在此定居。《宏村汪氏族谱·雷岗山记》则记载,雷岗山依循黄山山脉的踪迹,依托殷溪岭的灵根,雄踞在黄堆山南面,虽然山水突兀环绕略为凶险,但却是左右逢源、器宇不凡的地方,白龙山在其左侧,羊栈岭在其右侧,西溪水缠于腰间,西溪河濒临在前,实际上是立栋拓户的屏障,可以抵御西风之烈和北霜之袭,虽然没有帝王之相的征兆,但也是个安居的好地方(图3.1,见彩图附录)。

吴晓勤等(2002)认为,皖南传统村落的布局"枕山、环水、面屏",强调天人合一和尊重自然,并依据风水理论逐步建设水系、街巷、水口、祠堂、民居等,并以西递、宏村为例进行了阐述。西递村四面环山,前边溪、后边溪和金溪3条溪流自东向西流过村落,整个村落呈"船形"带状格局(图3.2,见彩图附录)。宏村北面为雷岗山,东侧为东山,西侧为石鼓山,南面地势开阔,面向牌楼山,浥溪河、西溪河、羊栈河在村西自北向南流过,村落选址坐北朝南,"藏风聚气、负阴抱阳"。村落布局按照风水理论先后在村南建"南湖"("水口"),村中心建祠堂("气穴"),并按照仿生学原理建造了穿村走户的人工水系。

徽派传统建筑是皖南传统村落中徽文化最重要的物质载体,深受其精神文化

(a) 村落选址　　　　　　　　　　　(b) 空间格局

图 3.1　宏村的村落选址和空间格局
(来源:《皖南古村落——西递、宏村保护规划》)

(a) 村落选址　　　　　　　　　　　(b) 空间格局

图 3.2　西递村的村落选址和空间格局
(来源:《皖南古村落——西递、宏村保护规划》)

和制度文化的影响。徽派传统建筑源于南方"干栏式"建筑和北方四合院建筑的结合,它们既传承了传统的儒家文化理念,又具有浓郁的地域特色,这一民居建筑流派在中华民族汉文化圈中有着不可替代的地位(陈安生,汪炜,2007)。还有部分学者通过对皖南传统村落中的传统建筑的分析来对徽派传统建筑的特征进行研究,其中古民居、古祠堂和古牌坊被建筑学者们称为"徽州古建三绝"。吴晓勤等(2001)认为皖南传统村落中的传统建筑具有鲜明的地方建筑特色和风格,并指出皖南传统村落集中了众多的徽派传统建(构)筑物,它们具有白粉墙、马头墙、小青瓦、木构架、砖石木雕构成的整体风貌,主要包括古民居、古祠堂、古书院、古庙宇、古牌坊、古桥、古亭、古塔、古门楼等类型。其他学者对徽州古民居、古祠堂和古牌坊的建筑布局、建筑结构、建筑风貌、室内装饰和庭院设计等也进行了分析(黄成林,2000;陆林,凌善金,焦华富等,2004b;王韡,2006;吴宗友,2007)。

部分学者通过对历史文献的分析和田野调查,认为皖南传统村落的宗族文化起源于中原南迁的世家大族,有着严密的宗族组织,其形成和演进深受宗族文化的影响,聚族而居是其最大的特点(表3.1),宗族繁衍、分支和扩散是其发展的主因(周晓光,2001)。清代学者赵吉士在《寄园寄所寄》中曾记载,新安地区各个家族聚族而居……每个姓都有宗祠统领,到了年关,村里一个姓的千人汇集,祭祀采用朱子家礼,彬彬有礼且合乎规矩……老人们都说新安有很多风俗民情都胜过其他地方,千年的坟墓不动坯土,千年的家族不曾散居,千年的家谱丝毫不乱。清代盐商程且硕在《春帆纪程》曾记载,徽州的习惯,为仕为官的人,都在乡下居住,每一个村落,聚族而居,不掺杂其他姓氏,有社就有屋,有宗就有祠,支派有家谱,家族源流不会混淆。民国《歙县志·舆地志·风土》曾记载,当地风俗重视宗法,聚族而居,每一个村庄有一个或几个姓,每个姓都有宗祠,分支派别还有支祠,大厅宏伟壮丽,与住宅相间隔。

表 3.1 黟县部分传统村落的宗族姓氏和祠堂遗存

村落名称	始建年代	宗族姓氏	祠堂遗存	
			名称	朝代
宏村	宋	汪、吴	乐叙堂	明
			吴氏宗祠	清
屏山村	唐	舒	舒庆余堂	明
			舒光裕堂	清
			许家祠堂	清
			百菩厅	清
			咸宜堂	清
			舒氏家祠	清
龙川村	明	郑、何、叶	郑氏祠堂	清
			仁公祠(何氏支祠)	清
			叶氏宗祠	清
关麓村	明	汪	思礼庭(汪氏家祠)	民国
南屏村	元	叶、程、李	慎思堂(叶氏家祠)	清
			奎光堂(叶氏支祠)	清
			叙秩堂(叶氏宗祠)	清
			程家祠堂	清
碧山村	隋	汪、王、何	汪氏祠堂	清
			新厅厦祠堂	清
			石狮祠堂(汪家祠堂)	清

续 表

村落名称	始建年代	宗族姓氏	祠堂遗存 名称	祠堂遗存 朝代
古筑村	宋	孙	伍全堂	民国
石亭村	明	李、郑、邵	李氏宗祠	民国
西递村	宋	胡	敬爱堂	清
			追慕堂	清
			七哲祠	清
珠坑村	宋	王	文叙堂(王氏祠堂)	明
利源村	元	余	余氏祠堂	清
竹柯村	宋	柯	柯氏祠堂	清

皖南传统村落的宗族组织特征较为明显：有共同的始祖，以血缘关系为纽带，有明确的昭穆世次，开展一定的集体活动，有共同的聚居地点，有一定的管理形式，有族规家法，有一定的公共财产(赵华富，2004)。陆林等(2004a)认为皖南传统村落的发展演进是基于宗族组织的，中原南迁并定居于皖南山区的世家大族，在迁移之前就已有严密的宗族组织，迁移之后仍然聚族而居。之后随着村落人口不断的繁衍增加，直至饱和状态，过剩人口会在境内迁移，择地而居进而形成新的村落(图3.3)。而皖南传统村落内部数量众多、等级规模不同的祠堂，则是其宗族文化的最有力的见证，它们依据宗族关系进行布局，宗祠是整个宗族的中心，而支祠则随血缘组团分布，形成各自的次中心，民居则围绕宗祠、支祠等进行布局，带有明显的向心性。邵甬(2011)认为，皖南传统村落内部以祠堂为中心，整体布局讲究风水之道，聚族而居是其最大特点。

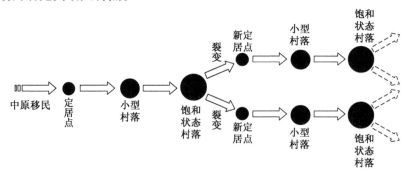

图3.3 皖南传统村落的发展演进机理
(引自：陆林，凌善金，焦华富等，2004a)

徽商以其雄厚的经济实力、独特的生活方式及文化理想，深刻地影响了皖南传统村落的发展(陈晓东，2004)。皖南山区是商贾之乡，人口的持续增长使得皖南传统村落的人地矛盾日益突出,"田少民稠,商贾十之九",这种情况迫使当地人走上了"以贾代耕"的道路,靠在外地贩卖皖南山区的土特产和手工艺品挣钱养家,这也是"天下之民寄命于农,徽民寄命于商"的由来(姚邦藻,2000;陆林,凌善金,焦华富等,2004a)。明中叶至清中叶"徽商"雄踞全国商界的400余年,也是皖南传统村落社会经济文化发展的鼎盛期,形成了"无徽不成商""无徽不成镇"的景象(揭鸣浩,2006)。徽商"宁发徽州,不发当地",在外发展壮大后将大量商业利润撤回故里,将其转变为封建土地资本,大量购置土地、兴建祠堂书院、营造住宅庭院,皖南传统村落反映了明清时期徽商的兴盛程度(吴晓勤等,2001;江春雪,2016)。而徽商的输金故里使得皖南传统村落由原来自给自足的农业社会转型为寄生型的非农社会,其人口和空间规模、生产生活条件与皖南山区的自然环境、资源禀赋、生产力条件完全不相符,形成了经济职能和空间格局脱离的局面(陆林,凌善金,焦华富等,2004a;邵甬,2011)。

作为徽文化中的精神文化,部分学者认为新安理学是皖南传统村落近千年(特别是明清鼎盛时期)社会、经济、文化发展的灵魂。新安理学是历史上以新安籍理学家为主干组成的一支地方性理学流派,它始于南宋,传于元,盛于明,终于清,对12世纪以后中国哲学史、思想史和学术史的发展产生了重大影响。它以其尊"理"重"礼"的独特体系,为皖南传统村落的社会发展提供了理论化、系统化的封建伦理道德规范,在维护宗法制度和社会稳定中起到了精神支柱的作用。它以其关注现实,倡导经世致用的学术风格,为从皖南传统村落走出的徽商的经商理念提供了理论支撑和精神支持,从而促进了皖南传统村落的经济发展(李霞,2003)。

2)地方政府的遗产价值认知

皖南传统村落保护管理纵向涉及中央、省、市、县、镇等各级政府,但是县、镇两级政府是皖南传统村落保护管理最重要和最直接的责任主体和实施主体,所以本文所阐述的政府的遗产价值认知主要来自县、镇两级地方政府。地方政府对皖南传统村落遗产价值的认知,在很大程度上受到专家认知的影响,认可皖南传统村落是皖南山区地域性历史文化——徽文化的代表和体现,注重对其历史文化价值的认知。这一现象与国际和国家层面的对世界文化遗产、历史文化名村和传统村落等制度政策中的遗产评定标准的设置侧重历史文化价值也有着很大关系。如皖南传统村落西递村和宏村申报世界文化遗产时,政府对其遗产价值的认知就围绕当时的世界文化遗产评定标准,认为符合这一标准的第2、3、4、5条(表3.2),并进行了理由阐述,认为西递村、宏村的遗产价值在于:"西递、宏村历史遗存具备完整性和真实性,其所提供的大量历史文化信息,体现着中国自唐宋以来在住宅和人居环境建设方面的最高水平,它所代表的地域文化和艺术对当今社会仍产生着巨大的影响;徽文化在中华民族文化中占有重要地位,尤其在明清时期对中国儒家文化、商业文化的发展贡献较大,但是其在社会的发展和进步这一不可逆转的冲击下影响力逐渐衰弱,西递、宏村为这一地域文化提供了特殊的见证。"(吴晓勤,2002)而我国《传统村落评价认定指标体系(试行)》的构建是以传统建筑风貌完整、选址和格局保持传统特色、非物质文化遗产活态传承为标准,所以当前地方政府在对皖南传统村落的遗产价值进行认知时也是围绕上述三点展开。

除了专家咨询,地方政府还会通过现存历史文化遗存的调查对皖南传统村落的历史文化价值进行认知,以往较为注重对皖南传统村落的周边自然环境、空间格局、传统风貌和传统建筑等物质文化遗产的调查(表3.3),所以与其相关的徽州风水文化、建筑文化、宗族文化方面的历史文化价值受到更多的关注。如黟县政府就是通过文物普查的形式对传统村落的物质文化遗产进行摸底,从而加强对其遗产价值的认知,目前县域内传统村落现存的徽派传统建筑大部分为清代建筑(约为84%),且多为古民居(约97%)。而曾经在明清时期在徽商财力支持下建造规模空前、遍及全县村落的古祠堂,目前仅有少量得以保留,而且已不再发挥其原有的作用,价值突出的更是少之又少。

表3.2 世界文化遗产的评定标准以及西递村、宏村的理由阐述

世界文化遗产的评定标准	西递村、宏村的理由阐述
(1) 代表一种独特的艺术成就,一种创造性的天才杰作	无
(2) 能在一定时期内或世界某一文化区域内,对建筑艺术、纪念物艺术、城镇规划或景观设计方面的发展产生过重大影响	西递村、宏村古村落保存完整的、真实的历史遗存,同时附带了大量的历史文化信息,引起了历史学家、建筑学家和艺术家浓厚兴趣。各地的艺术、建筑院校众多的师生,建筑师,艺术家和历史学家前来考察、实习、写生,把西递村、宏村作为主要的教学研究点、实习地。西递村、宏村古村落所代表的地方文化艺术对当今社会在建筑、环境、工艺设计、美学界、文学界产生的影响是巨大的,它们所体现的村落规划、建筑学和景观设计是人居环境建设的杰出范例,符合标准第2条
(3) 能为一种已消逝的文明或文化传统提供一种独特的或至少是特殊的见证	由于社会的发展和进步,历史上产生的文明或大或小地受到现代化的侵害。皖南山区历史上的家族、血缘关系已淡化,徽文化的影响力也已逐步衰弱,众多的古村落目前保存尚好的已为数不多,西递村、宏村是这种日益受到侵害和正在逐渐消失的古村落的尚存者。它们为这种地域文明提供了一种特殊的见证,列入世界文化遗产,对皖南其他的古村落的保护、利用,对中国乃至世界各地、各民族、不同地域文化古村落的保护和发展必然带来深远的影响,符合标准第3条
(4) 可作为一种建筑或建筑群或景观的杰出范例,展示人类历史上一个(或几个)重要阶段	西递村、宏村在建筑学、技术工艺、景观方面所造就的成就是巨大的,其建筑设计、室内装饰陈设和环境营建,都体现了极高的水准,是中国自唐宋以来在住宅和人居环境建设方面的最高水平的代表之一,符合标准第4条

续　表

世界文化遗产的评定标准	西递村、宏村的理由阐述
（5）可作为传统的人类居住地区或使用地的杰出范例，代表一种（或几种）文化，尤其在不可逆转之变化的影响下变得易于损坏	西递村、宏村作为人类传统居住地的杰出范例，代表的是一种在不可逆转的冲击下易受到损害的一种文化，这种文化在中华民族文化中占重要地位，曾经在14—19世纪对中国儒家文化、商业文化的发展做出过较大的贡献，符合标准第5条
（6）与具特殊普遍意义的事件或现行传统或思想或信仰或文学艺术作品有实质的联系	无

来源：根据吴晓勤（2002）绘制

表 3.3　黟县 25 个案例传统村落的传统建筑遗存数量

所属乡镇	村落名称	传统建筑遗存数量/处	不同年代传统建筑数量/处				不同类别传统建筑数量/处							
			宋	明	清	民国	民居	祠堂	牌坊	书院	庙宇	桥	亭	门楼
宏村镇	宏村	99	0	1	98	0	96	2	0	1	0	0	0	0
	卢村	53	0	0	40	13	51	0	0	0	0	2	0	0
	屏山村	122	2	3	98	19	112	6	0	0	1	1	1	1
	塔川村	41	0	0	33	8	41	0	0	0	0	0	0	0
	秀里村	17	0	0	12	5	17	0	0	0	0	0	0	0
	下梓坑村	3	0	0	0	3	3	0	0	0	0	0	0	0
	龙川村	37	0	0	32	5	34	3	0	0	0	0	0	0
	际村	23	0	0	18	5	23	0	0	0	0	0	0	0
碧阳镇	关麓村	42	0	0	36	6	41	1	0	0	0	0	0	0
	南屏村	152	0	0	126	26	147	4	0	0	0	1	0	0
	碧山村	42	0	0	36	6	39	3	0	0	0	0	0	0
	古筑村	77	0	0	61	16	75	1	0	0	0	1	0	0
	古黄村	57	0	0	46	11	57	0	0	0	0	0	0	0
	石亭村	50	0	0	39	11	48	1	0	0	0	0	1	0
	麻田街	10	0	0	7	3	9	0	0	0	0	1	0	0
	余光村	28	0	0	22	6	28	0	0	0	0	0	0	0
渔亭镇	团结村	7	0	0	6	1	4	0	0	0	1	2	0	0

续表

所属乡镇	村落名称	传统建筑遗存数量/处	不同年代传统建筑数量/处				不同类别传统建筑数量/处							
			宋	明	清	民国	民居	祠堂	牌坊	书院	庙宇	桥	亭	门楼
西递镇	西递村	155	0	5	150	0	146	3	1	0	0	5	0	0
	珠坑村	17	0	5	12	0	12	1	0	0	0	2	2	0
	利源村	16	0	0	10	6	15	1	0	0	0	0	0	0
柯村乡	翠林村	2	0	0	2	0	2	0	0	0	0	0	0	0
	竹柯村	4	0	0	2	2	3	1	0	0	0	0	0	0
美溪乡	美坑村	4	0	0	1	3	3	0	0	0	0	0	1	0
	兰湖村	3	0	0	2	1	3	0	0	0	0	0	0	0
宏潭乡	竹溪村	6	0	0	2	4	4	0	1	0	0	0	1	0
合计/处		1067	2	14	891	160	1013	27	2	1	2	15	6	1
占比/%		100	0	1	84	15	95	3	0	0	0	1	1	0

来源：黟县第三次全国文物普查数据(2009)

而徽商文化和新安理学方面的历史文化价值主要以传统村落的非物质文化遗产为价值承载要素，以往对其关注相对较少。但是随着国家层面对传统村落的评定中对非物质文化遗产的重视，政府对皖南传统村落的非物质文化遗产的挖掘力度逐步加大，其承载的历史文化价值也将进一步受到重视。除了历史文化价值，通过对保护实践经验的总结，政府对皖南传统村落社会价值的认知也逐步增加，开始关注它们对皖南山区农民生产生活所发挥的承载作用。

> 皖南传统村落存在的历史时间都比较长，具有厚重的徽州文化底蕴，兼有物质和非物质两种文化遗产，其遗产价值随着城市、工业和现代文明的发展持续增长。很多村落的物质文化遗产基本上都有保留，非物质文化遗产的文化内涵和各自特色还有待发掘，并且赋予其新的生命力和发展前景，比如西递村的楹联文化、碧山村的舞龙舞狮、南屏村的徽雕、关麓村的米塑等。(访谈16)

3) 村民的遗产价值认知

村民对皖南传统村落遗产价值的认知既包括对历史文化价值的认知，也包括对社会价值的认知。本研究通过对黟县25个案例传统村落的250个村民的调查问卷和深入访谈获取村民的遗产价值认知。调查问卷的结果显示，村民普遍对所住传统村落的历史文化价值较为认可，被调查的村民普遍认为(93%)所居住的传统村落有一定的历史文化价值,其中超过半数的村民认为历史文化价值较高(图3.4)。而且对于所住传统村落所能体现的历史文化价值,绝大多数村民认为其所住传统村落中的传统建筑是其历史文化价值最重要的表现,其次是徽商文化、风水文化和宗族文化(图3.5)。

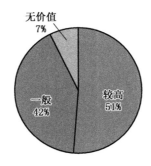

图 3.4 村民对所住村落历史文化价值的评价
(数据来源:问卷调查结果)

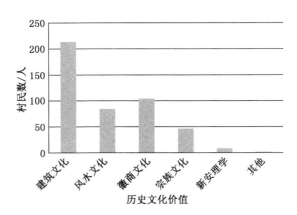

图 3.5 村民对所住村落历史文化价值的认知
(数据来源:问卷调查结果)

皖南传统村落的村民对其所住传统村落的社区认同感较强。大多数村民对所住的传统村落充满自豪感,有80%的村民为居住在所住的传统村落中感到"自豪",19%的村民感觉"无所谓",仅有1%的村民认为"不自豪"(图3.6)。对于传统村落的邻里关系,六成以上村民认为"好",几乎没有村民认为邻里关系"差"。但是对于村落的文化氛围,仅有三成的村民认为"好",大部分村民认为"一般"或"差"(图3.7)。

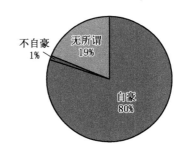

图 3.6 村民对所住村落的自豪感
(数据来源:问卷调查结果)

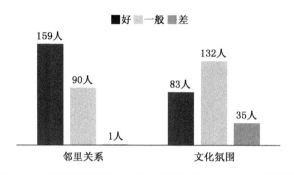

图 3.7　村民对所住传统村落邻里关系和文化氛围的评价
（数据来源：问卷调查结果）

村民对所住传统村落的归属感较强,当村民被问及"如果自家房屋长期无人居住时,会如何处置"时,74%的村民选择"一定保留",17%的村民选择"有人购买会考虑出售",9%的村民选择"政府/村集体有偿征用会出让",而且不少村民在问卷时明确表示这个假设基本不存在,因为自己一直会在传统村落中居住,不会离开(图 3.8)。

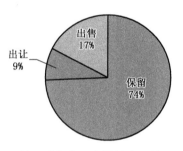

图 3.8　村民对自家无人居住房屋的处理方式
（数据来源：问卷调查结果）

皖南传统村落是皖南山区的农民赖以生存的农村社区,但是村民对所住传统村落的生产生活条件的满意程度却并不乐观,大部分村民认为所住传统村落的经济发展缓慢,就业机会很少或几乎没有。对于经济发展状况,仅有32%的村民认为"满意",50%的村民认为"一般",18%的村民认为"不满意"。对于传统村落所能提供的就业机会,仅有14%的村民认为"满意",36%的村民认为"一般",50%的村民认为"不满意"(图 3.9)。村民对村落环境和住房条件满意度相对较高。近半数的村民对所住的村落环境表示"满意",14%的村民明确表示"不满意",并希望通过修缮传统建筑、整修街巷道路、清洁水系沟渠、铺设污水管网等方式改善传统村落的空间环境(图 3.10)。半数以上的村民对自家的住房条件表示"满意",仅有13%的村民明确表示"不满意"(图 3.9)。有六成以上的人希望"维修老宅",其他村民则希望通过"另建新宅"或原址"拆除重建"的方式改善住房条件。可见,多数对住房条件不满意的村民也并不想搬离原地(图 3.11)。

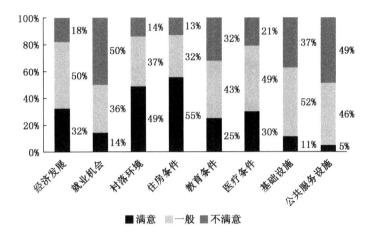

图 3.9　村民对所住传统村落生产生活条件的满意程度
(数据来源:问卷调查结果)

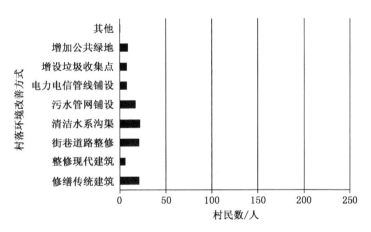

图 3.10　村民对村落环境改善的想法
(数据来源:问卷调查结果)

皖南传统村落大部分始建年代久远,仅在明清时期得到快速发展,之后一度处于衰败的状态,整体发展相对滞后。所以大部分皖南传统村落的基础设施和公共服务设施目前较为缺失,难以满足村民现代生产生活的需求,问卷调查显示村民对所住传统村落的基础设施、公共服务设施、教育条件和医疗条件满意度相对较低。在对基础设施日常使用的满意程度评价中,仅有 11% 的村民认为"满意",52% 的村民认为"一般",37% 的村民"不满意",村民们最希望改善道路停车、雨污水处理等设施,其次是供水设施、公共厕所、垃圾处理和消防设施,最后是电力电信设施和其他设施(图 3.12)。

这么多年传统村落相对来说基础设施还是比较差,如排水、污水处理、道路、管

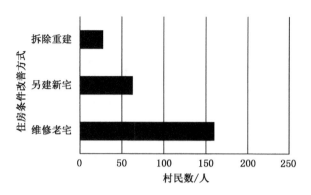

图 3.11 村民对住房条件改善的想法
（数据来源：问卷调查结果）

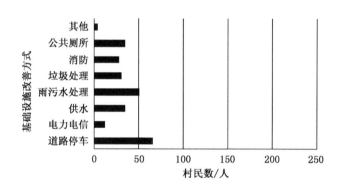

图 3.12 村民对基础设施改善的想法
（数据来源：问卷调查结果）

线等,想要改善都需要有资金投入,仅仅靠地方政府的财力去解决这些设施比较难。（访谈17）

在公共服务设施日常使用的满意程度评价中,仅有5%的村民认为"满意",46%的村民认为"一般",49%的村民认为"不满意"（图3.9）。超半数的村民最希望改善文化体育设施,可以看出文化体育设施在传统村落中的匮乏。其次是教育设施、商业服务设施和医疗卫生设施,最后是社区服务设施和其他设施（图3.13）。

在对教育条件的满意程度评价中,仅有25%的村民认为"满意",43%的村民认为"一般",32%的村民认为"不满意"。而在对医疗条件的满意程度评价中,仅有30%的村民认为"满意",49%的村民认为"一般",21%的村民"不满意"（图3.9）。不少村民在访谈中提到,在迁村并点和学校布局调整等政策的影响下,他们所住传统村落中的教育和医疗设施甚至不增反减。

现在行政村是原来的两个行政村合并的,整个行政村现有13个自然村,山外8个村民组、山里5个村民组,山里山外距离有10里路,小学、村卫生室什么的却都并在山外了。(访谈07)

我们这个自然村现在除了一个超市什么都没有,小学、幼儿园、卫生室都在行政村那边,小孩上学都得往那边送,我们老年人生个病过去一趟非常不方便。(访谈02)

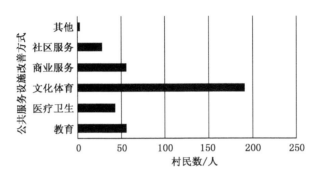

图3.13　村民对公共服务设施改善的想法
(数据来源:问卷调查结果)

3.1.2　皖南传统村落的遗产价值阐述

根据对传统村落遗产价值的理论分析,以及皖南传统村落的利益相关者对其遗产价值的认知,本书对皖南传统村落的历史文化价值和社会价值进行了归纳总结(表3.4)。

表3.4　皖南传统村落的遗产价值及其承载要素

价值类型	价值描述	要素类别	具体要素
历史文化价值	见证着古徽州乡村聚落的形成和演变	物质	周边环境(风水山、河溪、风水林、农田等)、空间格局(依山就势、以祠堂为中心、紧凑组团式布局、格网状街巷、人工水系贯穿等)、传统风貌(石板路、白粉墙、马头墙、小青瓦等)、视觉轴线(建筑与山体、建筑之间、开放空间之间的轴线)、屋顶景观(建筑高度关系、建筑屋顶形式、村落天际线)
	记录着明清时期具有徽文化特色的传统建筑	物质	传统建筑和历史环境要素(徽州古民居、古祠堂、古书院、古庙宇、古牌坊、古桥、古亭、古塔、古门楼等)
	传承着具有徽文化精髓的优秀非物质文化遗产	非物质	非物质文化遗产(徽剧、徽州民谣、徽州民歌、徽州楹联匾额、徽州漆器制作工艺、徽州建筑技艺、徽派盆景技艺、徽州家具制作工艺、徽墨制作工艺、徽州毛笔制作工艺、徽州楹联匾额传统制作技艺、徽州手工瓷制作技艺、新安医学、徽菜、徽州祠祭等)

续　表

价值类型	价值描述	要素类别	具体要素
社会价值	承载着皖南山区农村的生产生活	物质	村庄环境（传统建筑风貌、现代建筑风貌、道路街巷风貌、水系沟渠、污水管网、电力电信管线、垃圾收集、公共绿地等）、住房条件（住房面积、功能设施等）、基础设施（道路停车、电力电信、供水、雨污水、垃圾收集、消防、公共厕所设施等）、公共服务设施（教育、医疗卫生、文化体育、商业服务、社区服务设施等）
	维系着皖南山区村民的精神家园	非物质	社区认同、地方依恋（对皖南传统村落遗产价值的评价和认知、居住在皖南传统村落的自豪感、对皖南传统村落邻里关系和文化氛围的评价、在皖南传统村落中的居住意愿等）

1）历史文化价值

皖南传统村落的历史文化价值如下：第一，见证着古徽州地区乡村聚落的形成和演变。其选址和布局深受风水文化的影响，当今皖南传统村落的周边自然环境和空间格局无不留下风水文化的印记，彰显着风水聚落的内涵。其发展和演进深受宗族文化的影响，聚族而居是其最大的特点，为研究皖南山区封建社会宗法制度提供了典型。其鼎盛和衰落深受徽商文化的影响，因为徽商崛起而鼎盛，也因为徽商的衰败而衰落。其社会、经济、文化发展深受新安理学的影响。第二，记录着具有徽文化特色的传统建筑。皖南传统村落集中了众多的徽派传统建（构）筑物，它们承载着我国明清时期古徽州地区社会、经济、文化发展丰富的历史信息。第三，传承着具有徽文化精髓的非物质文化遗产。皖南传统村落作为新安理学的发祥地，尚文重教，英才辈出，人文荟萃，在文学、艺术、医学、堪舆等方面均已发展到相当高的水平，至今仍保存了大量丰富的非物质文化遗产，包括徽州楹联匾额、徽州篆刻、徽州祭祀、彩绘壁画等。

承载其历史文化价值的物质要素主要有周边环境（风水山、河溪、风水林、农田等）、空间格局（依山就势、以祠堂为中心、紧凑组团式布局、格网状街巷、人工水系贯穿等）、传统风貌（石板路、白粉墙、马头墙、小青瓦等）和传统建筑（徽州古民居、古祠堂、古书院、古庙宇、古牌坊、古桥、古亭、古塔、古门楼等）；非物质要素主要是非物质文化遗产（徽剧、徽州民谣、徽州民歌、徽州楹联匾额、徽州祠祭等）。

2）社会价值

皖南传统村落的社会价值如下：第一，承载着皖南山区农村的生产生活。皖南传统村落是皖南山区农民世世代代生产生活的场所，至今仍然以农业人口居住和从事农业生产为主。第二，维系着皖南山区村民的精神家园。皖南传统村落是基于血缘和地缘关系自然形成的农村社区，村民对其有着强烈的社区认同和地方依恋。承载其社会价值的物质要素主要有村庄环境（传统建筑风貌、现代建筑风貌、道路街巷风貌、水系沟渠、污水管网、电力电信管线、垃圾收集、公共绿地等）、住房条件(住房面积、功能设施等)、基础设施(道路停车、电力电信、供水、雨污水、垃圾收集、消防、公共厕所设施等)和公共服务设施(教育、医疗卫生、文化体育、商业服务、社区服务设施等);非物质要素主要有社区认同和地方依恋(对皖南传统村落遗产价值评价和认知、居住在皖南传统村落的自豪感、对皖南传统村落邻里关系和文化氛围的评价、在皖南传统村落中的居住意愿等)。

3.2 皖南传统村落遗产价值评价体系

3.2.1 传统村落遗产价值评价指标体系

依据前述对传统村落遗产价值及其价值承载要素的分析,本书采用层次分析法(Analytical Hierarchy Process)构建传统村落遗产价值评价指标体系。层次分析法是由美国运筹学家A.L.Saaty所提出的一种将复杂问题简化成若干可视层次的方法,并在此基础上运用数学语言表达主观判断。本书将传统村落的遗产价值进行了若干层次的分解,首先将传统村落的遗产价值分解为历史文化价值和社会价值,接着根据价值承载要素对具体的遗产价值继续进行分层,最终建立起传统村落遗产价值评价指标体系(图3.14)。

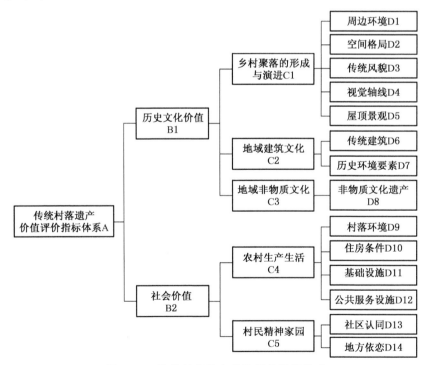

图3.14 传统村落遗产价值评价指标体系

3.2.2 皖南传统村落遗产价值评价体系

在前述已构建的传统村落遗产价值评价指标体系的基础上,依据传统村落遗产价值的相关理论以及对皖南传统村落的文献研究、现场调研、问卷调查和深入访谈的相关结果,本研究引入九级比例标度(表3.5)和两两比较判断矩阵得出各层评价指标的权重和排序,进而通过赋值构建出皖南传统村落遗产价值评价体系。

表3.5 九级比例标度

序号	重要性等级	C_{ij}赋值
1	i,j两元素同等重要	1
2	i元素比j元素稍微重要	3
3	i元素比j元素明显重要	5
4	i元素比j元素强烈重要	7
5	i元素比j元素极端重要	9
6	j元素比i元素稍微不重要	1/3
7	j元素比i元素明显不重要	1/5
8	j元素比i元素强烈不重要	1/7
9	j元素比i元素极端不重要	1/9

备注:2,4,6,8和1/2,1/4,1/6,1/8介于其间

本研究以九级比例标度为比较标准,把与上层指标有关系的所有下层指标逐一比较,且每一个指标与平级各指标比较的结果排成一行得到两两比较矩阵。下面以传统村落遗产价值评价指标体系中的D层指标D1~D5相对C层指标C1"乡村聚落的形成与演进"的权重的确立为例进行阐述。运用九级比较标度针对C层指标C1"乡村聚落的形成与演进"得到与其有关的D层指标的两两比较判断矩阵(表3.6)。

表3.6 与C1有关的D层指标的判断矩阵

乡村聚落的形成与演进 C1	周边环境 D1	空间格局 D2	传统风貌 D3	视觉轴线 D4	屋顶景观 D5
周边环境 D1	1	1/5	1/5	1/2	1/3
空间格局 D2	5	1	1	4	3
传统风貌 D3	5	1	1	7	5
视觉轴线 D4	2	1/4	1/7	1	3
屋顶景观 D5	2	1/5	1/5	1/3	1

根据这一矩阵,将其列向量归一化,归一化后的矩阵的行向量求和,再将求和

后的列向量归一化即可得到 D1~D5 相对于 C1 的权重（表 3.7）。

表 3.7　D1~D5 相对于 C1 的权重和排序

C 层	D 层	权重	排序
乡村聚落的形成与演进 C1	周边环境 D1	0.057	5
	空间格局 D2	0.332	2
	传统风貌 D3	0.411	1
	视觉轴线 D4	0.121	3
	屋顶景观 D5	0.079	4

根据以上方法，本研究通过逐层进行两两比较判断矩阵的构建和计算得出皖南传统村落遗产价值评价指标的权重和排序（表 3.8）。

表 3.8　皖南传统村落遗产价值评价指标的权重和排序（单层次）

B 层	权重	排序	C 层	权重	排序	D 层	权重	排序
历史文化价值 B1	0.500	1	乡村聚落的形成与演进 C1	0.568	1	周边环境 D1	0.057	5
						空间格局 D2	0.332	2
						传统风貌 D3	0.411	1
						视觉轴线 D4	0.121	3
						屋顶景观 D5	0.079	4
			地域建筑文化 C2	0.334	2	传统建筑 D6	0.533	1
						历史环境要素 D7	0.467	2
			地域非物质文化 C3	0.098	3	非物质文化遗产 D8	1	1
社会价值 B2	0.500	1	农村生产生活 C4	0.767	1	村落环境 D9	0.119	4
						住房条件 D10	0.258	2
						基础设施 D11	0.433	1
						公共服务设施 D12	0.190	3
			村民精神家园 C5	0.233	2	社区认同 D13	0.500	1
						地方依恋 D14	0.500	1

以 100 分为满分，根据评价指标权重和排序的结果，按照不同权重逐层赋予各个评价指标具体不同的分值。把已经赋值的各个评价指标分成若干等级，并借鉴我国已有的与传统村落遗产价值评价相关的评价指标体系的评分标准，如住建部的《中国历史文化名镇（村）评价指标体系（试行）》和《传统村落评价认定指标体系

（试行）》，制定每个等级评分的参照标准，进而建立起传统村落的遗产价值评价体系（表3.9）。

表3.9 皖南传统村落遗产价值评价体系

A层	B层	C层	D层	指标分解	评分标准
传统村落遗产价值评价体系（100分）	历史文化价值（50分）	乡村聚落的形成及演进（30分）	周边环境（3分）	村落与周边环境的协调	村落周边环境保持良好，与村落和谐共生，3分；村落周边环境有一定程度的改变，但与村落较和谐，2分；村落周边环境破坏严重，与村落相冲突，1分
			空间格局（9分）	村落空间格局的完整	村落空间形态保持良好，街巷格局完整，9分；村落空间形态基本保持，街巷格局较完整，6分；村落空间形态变化较多，保留部分成片街巷格局3分；村落空间形态变化明显，保留零散的街巷格局，1分
			传统风貌（12分）	村落传统风貌的完整	村落传统风貌完整协调，几乎没有突出不协调的新建筑12分；村落传统风貌基本保存，不协调新建筑少，8分；村落有一定时期风貌特色，不协调建筑较多，4分；村落不协调新建筑较多，风貌非常混乱，1分
			视觉轴线（3分）	村落视觉轴线	村落视觉轴线保存完整，3分；村落视觉轴线保存较完整，2分；村落视觉轴线破坏严重，1分
			屋顶景观（3分）	村落屋顶景观	村落屋顶景观和谐美观，3分；村落屋顶景观有一定改变，总体较和谐，2分；村落屋顶景观破坏严重，1分
		地域建筑文化（15分）	传统建筑（8分）	传统建筑的真实和完整	传统建筑原貌保存完好，建筑质量良好，8分；传统建筑原貌保存基本完好，建筑质量较好，6分；传统建筑原貌有一定破坏，小部分传统建筑倒塌，4分；传统建筑原貌破坏严重，大部分传统建筑倒塌，1分
			历史环境要素（7分）	历史环境要素的完整	历史环境要素丰富，保存完好，7分；历史环境要素较丰富，保存较完好，5分；仅存留少数历史环境要素，3分；几乎没有历史环境要素，1分
		地域非物质文化（5分）	非物质文化遗产（5分）	非物质文化遗产的持续	非物质文化遗产传承良好，有活力，5分；非物质文化遗产传承一般，无专门管理，3分；非物质文化遗产濒危，无活力，1分

续 表

A层	B层	C层	D层	指标分解	评分标准
传统村落遗产价值评价体系（100分）	社会价值（50分）	农村生产生活（30分）	村落环境（3分）	村落环境	生态宜居,地域特色明显,3分;生态环境一般,地域特色一般,2分;生态环境恶劣,不具备地域代表性,1分
			住房条件（9分）	村民住房条件	住房完全满足村民的生活需求,9分;住房基本满足村民的生活需求,5分;住房不满足村民的生活需求,1分
			基础设施（12分）	村落基础设施建设和管理	村落基础设施完善,管理有序,12分;村落基础设施较完善,管理较好,6分;村落基础设施不完善,管理混乱,1分
			公共服务设施（6分）	村落公共服务设施建设和管理	村落公共服务设施完善,管理有序,6分;村落公共服务设施较完善,管理较好,3分;村落公共服务设施不完善,管理混乱,1分
		村民精神家园（20分）	社区认同（10分）	村民的社区认同感	村民社区认同感很强,10分;村民社区认同感较强,7分;村民社区认同感较弱,4分;村民社区认同感很弱,1分
			地方依恋（10分）	村民的地方感	村民地方感很强,10分;村民地方感较强,7分;村民地方感较弱,4分;村民地方感很弱,1分

3.3 皖南传统村落的遗产价值评价结果

3.3.1 案例传统村落遗产价值的得分和排序

按照新构建的"皖南传统村落遗产价值评价体系"（表3.9），对黟县25个案例传统村落进行14项指标的评价和打分，完成25个案例传统村落的历史文化价值、社会价值、遗产价值的得分（表3.10）。在评价过程中，通过案例传统村落的历史文献、保护规划、村民问卷调查、现场踏勘、深入访谈等获取相关信息，最大限度地消除评价者主观影响，使评分更接近客观实际。这一得分和排序反映了黟县25个案例传统村落遗产价值的实际状况和相对高低（图3.15）。被列入世界文化遗产的西递村和宏村遗产价值得分均在80分以上，排序也位列前二，与其他案例传统村落拉开了不小的差距；而被列为中国历史文化名村的关麓、屏山、卢村和南屏虽然排序上紧随西递和宏村，但是在遗产价值得分上并未与其他传统村落有太多的差距。通过25个案例传统村落的得分对比和排序位置,可以更客观地分析传统村落的实际状况,有效区分各个传统村落的相对价值,进而影响后续的保护决策。

表 3.10 黟县 25 个案例传统村落的遗产价值得分

村落名称	历史文化价值								社会价值						遗产价值
	周边环境	空间格局	传统风貌	视觉轴线	屋顶景观	传统建筑	历史环境要素	非物质文化遗产	村落环境	住房条件	基础设施	公共服务设施	社区认同	地方依恋	
宏村	1	9	12	3	3	8	3	5	3	9	6	3	10	10	85
西递	3	9	12	3	3	8	5	5	3	5	6	3	10	7	82
关麓	3	9	8	3	3	6	3	3	2	5	6	3	10	4	68
屏山	2	9	8	3	3	6	5	1	2	5	6	3	7	7	67
卢村	2	9	8	3	3	6	3	1	3	5	6	1	7	7	64
南屏	3	9	8	3	3	6	3	1	2	5	6	1	7	7	64
珠坑	3	3	4	2	2	1	3	5	3	9	6	1	10	10	62
竹柯	3	3	4	2	2	1	3	5	2	5	6	3	10	10	59
塔川	3	6	8	3	3	4	1	1	2	5	6	3	7	7	59
利源	3	3	4	2	2	1	1	5	3	5	6	3	10	10	58
下梓坑	3	1	8	3	1	1	5	1	3	5	6	1	10	7	55
竹溪	3	1	4	2	2	1	5	5	3	5	6	1	10	7	55
龙川	3	3	2	1	1	4	2	1	3	9	1	2	10	10	54
碧山	3	3	1	2	1	4	3	3	2	5	6	3	10	4	54
石亭	3	6	8	3	2	4	1	1	2	5	1	1	10	7	54
麻田	1	3	2	1	1	6	3	3	3	5	6	3	7	10	54
翠林	3	1	4	2	1	1	1	5	2	9	6	1	7	10	53
古筑	3	6	8	2	3	4	3	1	2	5	1	3	4	4	49
美坑	3	3	4	2	1	3	1	1	3	5	6	1	7	10	47
黄村	3	3	4	2	1	4	3	1	2	5	6	1	7	4	46
余光	1	6	4	3	3	4	1	1	2	5	1	1	7	7	46
兰湖	3	3	4	2	1	1	1	1	2	9	1	1	7	10	46
团结	1	6	4	3	2	1	3	5	1	5	1	1	7	4	44
际村	1	3	4	1	1	1	1	1	2	5	6	3	7	7	43
秀里	2	3	4	2	2	1	1	1	3	5	1	1	7	7	40

3 皖南传统村落的遗产价值评价及其分类

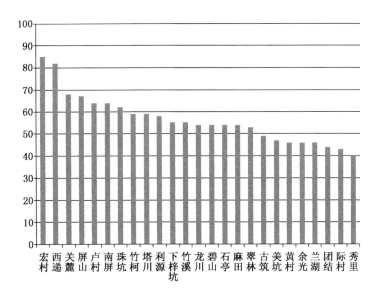

图 3.15 黟县 25 个传统村落的遗产价值得分排序

3.3.2 基于遗产价值的皖南传统村落分类

为了基于遗产价值对 25 个案例传统村落进行更为细致的分类,本研究对其历史文化价值和社会价值分别进行统计并进行方差标准化(表 3.11),将标准化后的数据做散点图(图 3.16),采用四象限分析法将 25 个案例传统村落分为 4 类:遗产型(历史文化价值和社会价值都相对高)、保护型(历史文化价值相对高、社会价值相对低)、特色型(历史文化价值相对低、社会价值相对高)、一般型(历史文化价值和社会价值都相对低)(表 3.12)。

表 3.11 案例传统村落的历史文化价值和社会价值数据的标准化

村落名称	历史文化价值	社会价值	历史文化价值* (方差标准化值)	社会价值* (方差标准化值)
宏村	44	41	1.960518534	1.774965866
西递	48	34	2.386718216	0.566331521
关麓	38	30	1.321219012	−0.124316675
屏山	37	30	1.214669092	−0.124316675
卢村	35	29	1.001569251	−0.296978725
南屏	36	28	1.108119172	−0.469640774
珠坑	23	39	−0.277029793	1.429641768
竹柯	23	36	−0.277029793	0.91165562

续　表

村落名称	历史文化价值	社会价值	历史文化价值*（方差标准化值）	社会价值*（方差标准化值）
塔川	29	30	0.362269729	−0.124316675
利源	21	37	−0.490129634	1.084317669
下梓坑	23	32	−0.277029793	0.221007423
竹溪	23	32	−0.277029793	0.221007423
龙川	19	35	−0.703229474	0.738993571
碧山	20	34	−0.596679554	0.566331521
石亭	28	26	0.255719809	−0.814964872
麻田	16	38	−1.022879235	1.256979718
翠林	18	35	−0.809779395	0.738993571
古筑	30	19	0.46881965	−2.023599217
美坑	15	32	−1.129429156	0.221007423
黄村	21	25	−0.490129634	−0.987626922
余光	23	23	−0.277029793	−1.33295102
兰湖	16	30	−1.022879235	−0.124316675
团结	25	19	−0.063929952	−2.023599217
际村	13	30	−1.342528996	−0.124316675
秀里	16	24	−1.022879235	−1.160288971

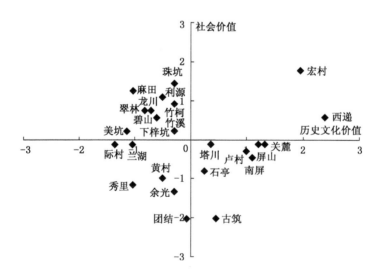

图 3.16　基于历史文化价值和社会价值的案例传统村落分类

3 皖南传统村落的遗产价值评价及其分类

表 3.12 基于历史文化价值和社会价值的案例传统村落分类

村落类型	村落特征	村落名称
遗产型	历史文化价值和社会价值都相对高	西递、宏村
保护型	历史文化价值相对高,社会价值相对低	关麓、屏山、南屏、卢村、古筑、石亭、塔川
特色型	社会价值相对高,历史文化价值相对低	珠坑、麻田、利源、龙川、翠林、碧山、美坑、竹柯、竹溪、下梓坑
一般型	历史文化价值和社会价值都相对低	际村、兰湖、黄村、秀里、余光、团结

1) 遗产型传统村落

遗产型传统村落的特点是历史文化价值和社会价值都相对高,包括西递和宏村 2 个传统村落,它们在"空间格局""传统风貌""传统建筑""视觉轴线""非物质文化遗产""村落环境""社区认同"指标上得分较高,但是在"周边环境""基础设施""公共服务设施"上得分较低(表 3.13)。总的来说,这类村落历史遗存丰富,保护时间早、保护等级高,在过去的保护中也已经取得了不小的成效。由于法律法规保障下的严格的建设审批制度,其内部的新建活动基本处于被冻结的状态,仅有极少数村民因为生活需要能够被允许新建或重建住房。所以这类村落至今仍然保持着较为完整的空间形态和街巷格局,传统风貌完整协调,少有不协调的新建建筑(图 3.17)。但是由于旅游开发带动村落及其周边地区的社会经济的快速发展,遗产型村落周边的开发日益增多,其周边环境出现了一定程度的改变。但是对基础设施和公共服务设施的改善仍然不够。

表 3.13 遗产型传统村落遗产价值评价指标的平均得分

周边环境	空间格局	传统风貌	视觉轴线	屋顶景观	传统建筑	历史环境要素	非物质文化遗产	村落环境	住房条件	基础设施	公共服务设施	社区认同	地方依恋	历史文化价值	社会价值	遗产价值
2	9	12	3	3	8	4	5	3	7	6	3	10	9	46	38	84

西递村

宏村

图 3.17 遗产型村落西递村和宏村

(来源:作者拍摄)

2）保护型传统村落

保护型传统村落的特点是历史文化价值相对高,社会价值相对低,包括关麓、屏山、南屏、卢村、古筑、石亭、塔川7个传统村落。这些传统村落在"周边环境""空间格局""传统风貌""屋顶景观"指标上得分较高,在"传统建筑""非物质文化遗产""住房条件""基础设施""公共服务设施""地方依恋"指标上得分较低(表3.14)。这类历史遗存规模尚可,总体风貌保持较好,但是传统建筑质量偏低,对非物质文化遗产的挖掘也不够(图3.18)。尽管开始保护的时间晚于遗产型村落,但是由于它们经济发展较为缓慢,加上近年来依据保护规划所进行的管控,其周边环境暂时并未出现明显的变化,但是目前保护所面临的压力已经有所显现。由于自然原因,这类村落传统建筑面临大规模严重的损毁,且由于保护资金的缺乏未能得到及时的修缮。虽然其大多已被列为文物保护单位或历史文化名村,建设活动的管控时间较久且相对严格,传统建筑的建设性破坏相对较少,但是仍有居民以维修之名进行传统建筑的拆旧建新。而且这类村落的生产生活条件远不能满足村民的需求,亟待对其进行社会价值的提升。

表3.14 保护型传统村落遗产价值评价指标的平均得分

周边环境	空间格局	传统风貌	视觉轴线	屋顶景观	传统建筑	历史环境要素	非物质文化遗产	村落环境	住房条件	基础设施	公共服务设施	社区认同	地方依恋	历史文化价值	社会价值	遗产价值
3	8	8	3	3	5	3	1	2	.5	2	7	6	34	27	61

南屏村

屏山村

图3.18 保护型村落南屏村和屏山村
(来源:作者拍摄)

3）特色型传统村落

特色型传统村落的特点是社会价值相对高,历史文化价值相对低,主要包括珠坑、麻田、利源、龙川、翠林、碧山、美坑、竹柯、竹溪、下梓坑10个传统村落。这些村落"周边环境"得分较高,因为它们周边的山体、植被、河流、农田等都得到了较好的延续,与村落仍然保持较为和谐的关系(表3.15)。在"空间格局""传统风貌""传统建筑"指标上与遗产型和保护型传统村落的得分有一定的差距,主要是因为它们保护时间较晚,保护等级较低,空间形态变化较大,仅保留部分成片街巷格局,传统建筑有一定的破坏,不协调的新建建筑较多(图3.19)。尽管它们传统风貌存在一定程度的丧失,但是在保护中通过有效的整治有可能会有较大的提升。这些传统村落在"社会认同"和"地方依恋"指标上得分较高,说明村民对村落的认同感和归属感极为强烈。在"周边环境""村落环境""住房条件"指标上得分尚可,"基础设施"和"公共服务设施"指标得分不高,说明其生产生活条件虽在一定程度上满足了村民的需求,但是仍有较大的提升空间。

表3.15　特色型传统村落遗产价值评价指标的平均得分

周边环境	空间格局	传统风貌	视觉轴线	屋顶景观	传统建筑	历史环境要素	非物质文化遗产	村落环境	住房条件	基础设施	公共服务设施	社区认同	地方依恋	历史文化价值	社会价值	遗产价值
3	2	4	2	1	2	3	3	3	6	6	2	9	9	20	36	56

碧山村

竹柯村

图3.19　特色型村落碧山村和竹柯村

(来源:作者拍摄)

4) 一般型传统村落

一般型传统村落的特点是历史文化价值和社会价值都相对低,主要包括际村、兰湖、黄村、秀里、余光、团结6个传统村落。这些传统村落在历史文化价值的各项指标得分与遗产型、保护型传统村落差距较大,在社会价值的各项指标得分与特色型传统村落差距也较大(表3.16)。在这些村落过去的发展中,随着村民收入的逐渐增多,村落中新建和重建建筑逐年增多,相当一部分村民已经在传统建筑旁边拆除传统建筑建造现代建筑,村落中呈现出传统建筑和现代建筑几乎各占一半或现代建筑比例更多的局面(图3.20)。目前其仅保留了部分点状历史文化资源,传统风貌在一定程度上已经丧失,传统建筑规模较小,保护难度很大。而且其基础设施和公共服务设施严重缺乏,完全不能满足村民的生产生活需求,亟待提升。尽管如此,村民对于这些传统村落仍有一定的认同感和归属感。

表 3.16　一般型传统村落遗产价值评价指标的平均得分

周边环境	空间格局	传统风貌	视觉轴线	屋顶景观	传统建筑	历史环境要素	非物质文化遗产	村落环境	住房条件	基础设施	公共服务设施	社区认同	地方依恋	历史文化价值	社会价值	遗产价值
2	4	4	2	2	2	1	2	2	6	3	1	7	7	19	26	45

黄村　　　　　　　　　　　团结村

图 3.20　一般型村落黄村和团结村

(来源:作者拍摄)

4 皖南传统村落的保护历程、现行制度和持续变化

4.1 皖南传统村落的保护历程

4.1.1 萌芽期(1982—2001年):"文物保护单位"制度下的建筑保护

1961年,原国务院文化部发布的我国第一个综合性文物行政法规《文物保护管理暂行条例》正式建立了"文物保护单位"制度,提出调查国家保护文物、分级公布文物保护单位、实行文物保护单位用途管制等要求。同时,国务院公布了第一批180处全国重点文物保护单位。根据这一条例,原国务院文化部又于1963年制定了《文物保护单位保护管理暂行办法》,标志着我国文物保护单位管理体系正式建立。1982年11月全国人大常委会通过的《中华人民共和国文物保护法》代替了1961年的《文物保护管理暂行条例》成为国家文物保护法律制度的基础,后几经修正并沿用至今,该法延续并发展了"文物保护单位"制度,规定:根据历史、艺术和科学价值将革命遗址、纪念建筑物、古文化遗址、古墓葬、古建筑等类型的不可移动文物确立为国家级、省级、市县级的"文物保护单位"(保护责任不同,保护方法一致)并进行管理。至今已公布7批全国重点文物保护单位4 296处,还有不计其数的省、市、县级文物保护单位。"文物保护单位"制度旨在真实、完整地保护并延续文物的历史信息和遗产价值,保护方针是"保护为主、抢救第一、合理利用、加强管理",保护原则是"不改变文物原状"(王景慧,2004)。

在这一制度背景下,1980年代起,各级政府开始逐级成立文物保护管理部门,并着手在各自行政管辖范围内开展文物普查,并在此基础上公布各级文物保护单位,开始对所公布的文物保护单位进行修缮。如黄山市黟县政府在1982年成立了"黟县文物抢救保护领导小组",并单独设立工作机构"黟县文物管理所"(1997年后为"文物管理局")。同年,黟县政府将境内传统村落中的10处传统建筑公布为县级文物保护单位(表4.1),其中包括西递村胡文光刺史牌坊、碧东村云门塔、孙

村旋溪塔等。1985年黟县开展全县文物普查工作,对全县的明清古民居、祠堂、古墓、古桥、古树、石雕、木雕、砖雕等进行统计,并开始逐步对损坏较为严重的重点文物进行抢救性修缮。这一时期,皖南传统村落中的一些传统建筑先后被列为县级、市级、省级文物保护单位,1996年更是首次出现在《第四批全国重点文物保护单位名单》中(表4.2)。同时,地方政府也制定了与皖南传统村落中的传统建筑保护相关的法规政策。依据《文物保护法》,1997年安徽省针对皖南古民居颁布了专门性保护法规——《安徽省皖南古民居保护条例》,这一条例规定了皖南古民居的管理主体与"文物保护单位"制度的关系、管理措施和法律责任等。

表4.1 黟县传统村落中被列入各级文物保护单位的传统建筑(群)

保护级别	名称	年代	所属行政村
国保	宏村古建筑群	明至清	宏村镇宏村
	西递古建筑群	明至清	西递镇西递村
	南屏村古建筑群	明至清	碧阳镇南屏村
省保	皖南苏维埃政府旧址(柯氏宗祠)	明至清	柯村乡柯村
	屏山村古建筑群	明至清	宏村镇屏山村
	卢村志诚堂	清	宏村镇卢村
	吾爱吾庐民宅	清	碧阳镇关麓村
	仁公祠(何氏祠堂)	清	宏村镇龙川村
市保	云门塔	清	碧阳镇碧山村
	关麓古建筑群	清	碧阳镇关麓村
	黄士陵故居	清	碧阳镇古黄村
	秀里影视村古建筑群	清	宏村镇秀里村
	旋溪塔	清	柯村乡三合村
县保	汪氏世祠	清	碧阳镇碧山村
	筱馀园	民国	碧阳镇碧山村
	汪氏祠堂	清	碧阳镇碧山村
	孝子桥	宋	碧阳镇碧山村
	积馀堂	清	宏村镇塔川村
	古码头	清	渔亭镇团结村
	村前亭	清	美溪乡美坑村
	广生堂	清	美溪乡美坑村
	柯氏老宅	清	柯村镇柯村
	"当红军光荣"标语旧址	民国	柯村镇柯村
	寡妇亭	清	宏潭乡竹溪村
	五溪山古农业设施	清	宏潭乡竹溪村

事实上,"文物保护单位"制度针对的是不可移动文物,并不完全适用于传统村落的保护。2001年皖南传统村落呈坎村、宏村、西递村等以"古建筑群"的形式被列入全国重点文物保护单位,即该村中的若干建筑是文物保护单位,其他建筑应属建设控制地带。但是在实际操作中,首先就面临保护范围和建设控制地带难以明确界定的问题。而且文物保护单位的保护所要遵循"不改变文物原状"的规定,也常常造成文化遗产保护与社会经济发展的对立,从而使传统村落保护陷入两难境地(边宝莲,王晶,2013)。值得注意的是,皖南传统村落西递村、宏村由于申请世界文化遗产的需要而开始的整体保护,可以被视为皖南传统村落保护的开端。1996年,西递村和宏村被原建设部列入世界文化与自然遗产预备名单,之后的几年,其所在地黟县政府在对其重点文物建筑进行修缮的同时,对村内与传统风貌不协调的建设进行了整治,并冻结了村内一切建设活动。2000年,西递村和宏村作为皖南传统村落的代表,被列入世界遗产名录。黟县政府于2001年颁布了《黟县西递、宏村世界文化遗产保护管理办法》和《黟县西递、宏村世界文化遗产保护管理实施细则》,作为世界文化遗产西递村和宏村保护管理的指导性文件,同时要求县内的南屏村、屏山村、关麓村等传统村落的保护管理参照进行。该县成立了由县政府有关职能部门、镇政府、旅游企业和村委会组成的"黟县西递、宏村世界文化遗产保护管理委员会",负责西递、宏村世界文化遗产保护管理重大事项的审议。西递镇、宏村镇政府相应分别制定了《黟县西递古村落保护管理办法》和《黟县宏村古村落保护管理办法》。

表 4.2 列入"全国重点文物保护单位"的皖南传统村落的传统建筑及建筑群

批次/公布时间	名称	年代	所属传统村落
第四批/1996年	棠樾石牌坊群	明至清	黄山市歙县棠樾村
	老屋阁及绿绕亭	明	黄山市徽州区(原属歙县)西溪南村
	罗东舒祠	明	黄山市徽州区(原属歙县)呈坎村
第五批/2001年	呈坎村古建筑群	明至清	黄山市徽州区(原属歙县)呈坎村
	宏村古建筑群	明至清	黄山市黟县宏村
	西递村古建筑群	明至清	黄山市黟县西递村
第六批/2006年	许村古建筑群	明至民国	黄山市歙县许村
	南屏村古建筑群	明至清	黄山市黟县南屏村
	溪头三槐堂	明	黄山市休宁县溪头村
	郑氏宗祠	明	黄山市歙县郑村
	竹山书院	清	黄山市歙县雄村

续 表

批次/公布时间	名称	年代	所属传统村落
第七批/2013年	黄村进士第	明	黄山市休宁县黄村
	洪氏宗祠	明至清	黄山市歙县叶村
	奕世尚书坊和胡炳衡宅	明至清	安徽省宣城市绩溪县龙川村
	棠樾古民居	明至民国	安徽省黄山市歙县棠樾村
	上庄村古建筑群	明至民国	安徽省宣城市绩溪县上庄村
	北岸吴氏宗祠	清	安徽省黄山市歙县北岸村
	员公支祠	清	安徽省黄山市歙县昌溪村
	昌溪周氏宗祠	清	安徽省黄山市歙县周邦头村
	北岸廊桥	清	安徽省黄山市歙县北岸村
	兴村程氏宗祠	清	安徽省黄山市黄山区兴村

4.1.2 探索期(2002—2011年):"历史文化名村"制度下的村落保护

1986年国务院在公布第二批国家历史文化名城的文件中曾指出:"对文物古迹比较集中,或能较完整地体现出某一历史时期的传统风貌和民族地方特色的街区、建筑群、小镇、村落等也应予以保护,可根据它们的历史、科学、艺术价值,公布为当地各级历史文化保护区。"2002年10月颁布的修订后的《文物保护法》规定"保存文物特别丰富并且具有重大历史价值或者革命纪念意义的城镇、街道、村庄,由省、自治区、直辖市人民政府核定公布为历史文化街区、村镇,并报国务院备案",首次明确了"历史文化名村"的法律地位,结束了我国传统村落保护一直以文物个体保护为核心的单一体系。2008年,国务院正式颁布的《历史文化名城名镇名村保护条例》将《文物保护法》和《中华人民共和国城乡规划法》的有关要求加以具体化,对历史文化名村的申报批准、保护规划、保护措施等方面进行了全面系统的规定,标志着我国传统村落的保护事业开始迈向法制化的轨道(单霁翔,2008)。它与2010年的《中国历史文化名镇名村评价指标体系》和2014年的《历史文化名城名镇名村街区保护规划编制审批办法》等技术性规范,共同构建了一个比较完整的"历史文化名村"制度框架(仇保兴,2014)。

在"历史文化名村"制度未建立之前,安徽省人民政府曾在1989年和1996年相继公布了11个"安徽省历史文化保护区"(2006年分别更名为安徽省历史文化名镇、名村、街区),其中包括绩溪县大坑口—湖村、徽州区呈坎村、歙县许村、徽州区唐模村4个皖南传统村落,但是由于"历史文化保护区"在国家层面并未成为法定或行政保护体系,所以并未实施具体的保护。2002年"历史文化名村"制度建立后,各级政府逐步进行国家级和省级历史文化名村的申报和登录工作,皖南传统村落逐步被纳入法定保护体系(表4.3、表4.4)。如黟县政府在这一时期先后成功申报了西递、宏村、屏山、南屏、关麓5个国家级历史文化名村。2003年至今,住建部、国家文物局已经相继公布6批276个"中国历史文化名村",包括西递村、宏村、南屏村在内的15个皖南传统村落,安徽省政府相继公布4批38个安徽省历史文化名村,其中有16个皖南传统村落。

表4.3 列入"中国历史文化名村"的皖南传统村落

批次/公布时间	名称	地址
第一批/2003	西递村	安徽省黄山市黟县西递镇
	宏村	安徽省黄山市黟县宏村镇
第二批/2005	渔梁村	安徽省黄山市歙县徽城镇
第三批/2007	唐模村	安徽省黄山市徽州区潜口镇
	棠樾村	安徽省黄山市歙县郑村镇
	屏山村	安徽省黄山市黟县宏村镇
第四批/2008	呈坎村	安徽省黄山市徽州区呈坎镇
	南屏村	安徽省黄山市黟县碧阳镇
第五批/2010	关麓村	安徽省黄山市黟县碧阳镇
	黄村	安徽省黄山市休宁县商山镇
第六批/2014	龙川村	安徽省宣城市绩溪县瀛洲镇
	雄村	安徽省黄山市歙县雄村乡
	灵山村	安徽省黄山市徽州区呈坎镇
	坑口村	安徽省黄山市祁门县闪里镇
	卢村	安徽省黄山市黟县宏村镇

各级政府在将部分皖南传统村落积极申报为国家级和省级的历史文化名村的同时,开始为境内文物遗存相对丰富的传统村落编制保护规划、制定保护措施、筹集保护资金、修缮文物建筑、改善基础设施、整治村落环境等,保护范围进一步扩大,保护工作进一步规范化。如黟县政府在对世界文化遗产西递村和宏村保护规划进行修编的同时,为境内的南屏村、屏山村、关麓村等17个传统村落编制了保护规划,并按照保护规划对其保护范围内的建设活动进行审批。同时依据所编制的保护规划拟定各类保护项目向上级政府(中央、省、市政府)争取各类保护资金,如国家重点文物保护专项补助资金、省级重点文物保护专项资金、省世界文化遗产专项保护资金、市"百村千幢"古民居保护利用资金等,对部分传统村落进行了传统建筑修缮、基础设施改善和村庄环境整治。

表 4.4 列入"安徽省历史文化名村"的皖南传统村落

批次/公布时间	名称	地址	备注
前三批/2006（之前为安徽省历史文化保护区）	龙川村—湖村—磡头	宣城市绩溪县伏岭镇	
	上庄—冯村	宣城市绩溪县浩寨乡	
	呈坎村	黄山市徽州区呈坎镇	2008年列入"中国历史文化名村"
	唐模村	黄山市徽州区潜口镇	2007年列入"中国历史文化名村"
	许村	黄山市歙县许村镇	
	棠樾村	黄山市歙县郑村镇	2007年列入"中国历史文化名村"
	雄村	黄山市歙县雄村镇	2014年列入"中国历史文化名村"
	昌溪村	黄山市歙县昌溪乡	
	瞻淇村	黄山市歙县北岸镇	
	屏山村	黄山市黟县宏村镇	2007年列入"中国历史文化名村"
	南屏村	黄山市黟县碧阳镇	2008年列入"中国历史文化名村"
	关麓村	黄山市黟县碧阳镇	2010年列入"中国历史文化名村"
第四批/2010	永丰村	黄山市黄山区永丰乡	
	坑口村	黄山市祁门县闪里镇	2014年列入"中国历史文化名村"
	历溪村	黄山市祁门县历口镇	
	芦溪村	黄山市祁门县芦溪乡	

4.1.3 发展期（2012年至今）："传统村落"制度下的村落保护

2012年，国家四部局（住房和城乡建设部、文化部、国家文物局、财政部）联合下发的《住房城乡建设部 文化部 国家文物局 财政部关于开展传统村落调查的通知》首次在官方文件中正式提出了"传统村落"的概念，开始对民国以前建村、传统建筑风貌完整、选址格局保留传统特色或非物质文化遗产活态传承的村落进行调查，标志着我国传统村落保护进入"历史文化名村"和"传统村落"双轨制保护阶段（邰艳丽，2016）。2012年，为了在国家层面对传统村落进行登录，国家四部局共同发布了《传统村落评价认定指标体系（试行）》，并成立由多学科专家组成的专家委员会，启动了《中国传统村落名录》的评审工作。2013年住建部又发布了《传统村落保护发展规划编制基本要求（试行）》，对传统村落保护发展规划的规划任务、总体要求、编制内容都提出了较为具体的规定。2014年国家四部局共同发布了《关于切实加强中国传统村落保护的指导意见》，进一步规定了"中国传统村落"保护的具体要求和相应措施。"传统村落"制度建立时间相对较短，仍处于探索阶段，制度体系尚不完整。

"传统村落"制度建立以来,大量的皖南传统村落已经被纳入行政保护体系并开展了具体的保护工作。至2016年年底,《中国传统村落名录》共收录了4批4 157个中国传统村落,其中皖南传统村落有101个;安徽省住建厅、文化厅、财财厅、文物局四厅局相继公布了2批363个安徽省传统村落,其中皖南传统村落有186个。而各级政府在积极组织国家级和省级传统村落申报和登录的同时,针对传统村落保护设立专门的协调组织,统一编制传统村落保护与发展规划等。同时,在中央政府对"中国传统村落"统一拨款的基础上,地方政府积极筹集各类资金进行传统建筑修缮、基础设施改善、村落环境整治等。以黟县为例,目前黟县共成功申报了31个中国传统村落,35个安徽省传统村落(表4.5)。黟县政府成立了"黟县中国传统村落保护实施工作领导小组",定期召开会议研究解决县域内"中国传统村落"的申报、保护、利用工作。黟县住建委为申报"中国传统村落"的30余个传统村落组织编制了保护与发展规划。除了中央政府下拨的"中国传统村落"项目的专项资金外,黟县政府结合文物保护、美丽乡村建设、危房改造等各类项目资金以及社会资金,对县域内10余个"中国传统村落"统一进行了传统建筑修缮、基础设施改善、村落环境整治等。

表4.5 黟县中被列入国家、省级传统村落名录的传统村落

所属乡镇	村落名称	是否是安徽省传统村落(√)	是否是中国传统村落(√)
宏村镇	宏村	√	√
	卢村	√	√
	屏山村	√	√
	塔川村	√	√
	秀里村	√	√
	下梓坑村	√	√
	龙川村	√	√
	际村	√	√
	朱村	√	
	黄村口	√	
	江村	√	√
	横断村	√	√
碧阳镇	关麓村	√	√
	南屏村	√	√
	碧山村	√	√
	古筑村	√	√

续　表

所属乡镇	村落名称	是否是安徽省传统村落(√)	是否是中国传统村落(√)
碧阳镇	黄村	√	√
	石亭村	√	√
	马道村麻田街	√	√
	余光村	√	√
	横岗村	√	
	赤岭村	√	√
	柏山立川村		√
渔亭镇	团结村	√	√
	桃源村青岭山	√	√
西递镇	西递村	√	√
	石印村珠坑	√	√
	叶村利源	√	√
	蔼峰上村	√	√
柯村乡	翠林村	√	√
	竹柯村	√	√
美溪乡	美坑	√	√
	兰湖村	√	√
宏潭乡	竹溪村		√
洪星乡	同川村奕村	√	

4.2　皖南传统村落保护的现行制度

通过对皖南传统村落保护历程的回顾，可以发现皖南传统村落保护主要涉及"文物保护单位""历史文化名村""传统村落"3类国家层面的制度以及相关地方层面的制度，而以上制度在具体的规划、法规、资金和监管制度上有共性也有个性。

4.2.1　规划制度

总的来说，规划制度在皖南传统村落保护中主要有以下作用：①进行保护区划，包括核心保护范围、建设控制地带和环境协调区的划定，提出保护管理措施，并据此对不同区域的建设活动进行限制和管控；②提出传统建筑分类保护整治要求，并据此管控其修缮行为；③提出非物质文化遗产的保护措施；④对其社会经济发展的引导和生产生活条件的提升提出要求。

"文物保护单位"制度下，以"古建筑群"的形式被列为文物保护单位的皖南传统村落，《文物保护法》规定其保护需要划定保护范围和建设控制地带，并提出控制要求和保护措施以保护历史风貌，包括建筑高度、建筑密度、建筑形式、建筑色彩等，这些要求和措施还需纳入所在地的城乡建设规划。尤其是被列为全国重点文物保护单位的皖南传统村落，其保护规划的编制审批需要遵循《全国重点文物保护单位保护规划编制审批办法》和《全国重点文物保护单位保护规划编制要求》。为了保护文物本体及其周边环境的真实性和完整性，应尽量减少对文物本体的干预，注重对周边环境的保护和改善。保护规划应划定保护范围，并提出包括视线通廊保护、空间景观整治、道路修建改建、不协调建筑物拆除或整饬等历史环境治理的相关要求。还需要根据保证周边环境的完整性和和谐性的要求划定建设控制地带，并制定相应的管理规定。

"历史文化名村"制度下，被列为历史文化名村的皖南传统村落，其保护规划的编制、审批需要遵循《历史文化名城名镇名村街区保护规划编制审批办法》。历史文化名村保护以保持和延续历史文化名村的传统格局和历史风貌为目标，既关注核心保护范围内的文物保护单位和历史建筑等建（构）筑物的分类保护，更强调名村传统格局、历史风貌、空间尺度和自然环境的整体保护。名村保护规划需要划定核心保护范围、建设控制地带和环境协调区，并制定相应的保护控制措施。还要对保护范围内的所有建（构）筑物和历史环境要素提出分类整治要求，对非物质文化遗产提出保护内容和措施。同时，还应提出改善基础设施、公共服务设施、生产生活环境的规划方案。

"传统村落"制度下，被列为传统村落的皖南传统村落，其保护与发展规划的编制需要遵循《传统村落保护发展规划编制基本要求（试行）》。传统村落保护与发展规划编制时，应将传统村落及与其有重要视觉、文化关联的区域看成一个整体，划分不同的保护范围并提出保护措施，尤其需要对村落传统格局与整体风貌提出保护要求，并对村落传统形态、公共空间和景观视廊等提出整治措施。传统村落保护与发展规划在对传统建（构）筑物提出分类保护措施的基础上，对非物质文化遗产的保护传承提出具体要求。另外，规划还需在提出传统村落的发展定位和途径的基础上，对居住条件的改善、道路交通的完善和人居环境的提升提出引导措施。

4.2.2 法规制度

皖南传统村落保护涉及国家和地方层面的文物保护、历史文化名村保护、传统村落保护、非物质文化遗产保护、城乡规划、土地管理等方面的法律法规，包括基本法律、行政法规、部门规章、地方规章、规范性文件等（表4.6）。国家层面的法律法规建立起了"文物保护单位"制度、"历史文化名村"制度和"传统村落"制度的基本框架。"文物保护单位"制度的基本框架主要由《文物保护法》《中华人民共和国文物保护法实施条例》《全国重点文物保护单位保护规划编制审批办法》《全国重点文物保护单位保护规划编制要求》4部法律法规共同构建，对文物保护单位的评定、保护原则、保护范围划定、管理责任主体、用途管制、保护规划编制、保护措施等都做出了具体规定。"历史文化名村"制度的基本框架主要由《文物保护法》《历史文化名城名镇名村保护条例》《历史文化名城名镇名村街区保护规划编制审批办法》等4部法律法规共同构建，对历史文化名村的评定、保护规划编制与实施、保护措施、管理责任主体等都做出了具体规定。而"传统村落"制度目前仅有《传统村落保护发展规划编制基本要求（试行）》，对其保护规划编制提出了要求，其他的法律法规仍未出台。

在国家层面的法律法规约束和部门规章、规范性文件的指导下，皖南传统村落所在的安徽省以及市县政府根据境内传统建筑和传统村落的实际情况，制定了相关地方性法规，如安徽省的《安徽省实施〈中华人民共和国文物保护法〉办法》《安徽省皖南古民居保护条例》等，黄山市的《黄山市古村落保护利用暂行办法》《黄山市徽州古建筑保护利用暂行办法》等，黟县的《黟县西递、宏村世界文化遗产保护管理办法》《黟县西递、宏村世界文化遗产保护管理实施细则》等。其中，《安徽省皖南古民居保护条例》于1997年颁布、2004年修订并沿用至今，该条例是针对皖南古民居保护的专门性法规，对皖南古民居的管理主体、"文物保护单位"和"历史文化名村"制度的关系、管理措施和法律责任等做出了规定，对皖南传统村落中的传统建筑的保护具有重要作用。黄山市则针对法定保护对象的局限性，从解决传统村落和传统建筑保护和利用实践中已经存在的实际问题出发，同时为保护境内大量未列入文物保护单位、历史文化名村，但又具有一定遗产价值的传统村落及传统建筑，制定了《黄山市古村落保护利用暂行办法》《黄山市徽州古建筑保护利用暂行办法》《黄山市徽州古建筑认领保护利用办法》《黄山市徽州古建筑迁移保护利用办法》《黄山市徽州古建筑保护利用专项资金管理暂行办法》等。而黟县则在西递和宏村被列为世界文化遗产之后，制定了《黟县西递、宏村世界文化遗产保护管理办法》和《黟县西递、宏村世界文化遗产保护管理实施细则》，对西递村和宏村的管理机构、规划管理、建设管理、市政公用设施管理、社会治安管理等均做出相关规定。

4 皖南传统村落的保护历程、现行制度和持续变化

表 4.6 皖南传统村落保护的相关法律法规

层面	名 称	类型
国家层面	《中华人民共和国文物保护法》	法律
	《中华人民共和国城乡规划法》	法律
	《中华人民共和国土地管理法》	法律
	《中华人民共和国非物质文化遗产法》	法律
	《历史文化名城名镇名村保护条例》	行政法规
	《村庄和集镇规划建设管理条例》	行政法规
	《历史文化名城名镇名村街区保护规划编制审批办法》	部门规章
	《全国重点文物保护单位保护规划编制审批办法》	部门规章
	《国家重点文物保护专项补助资金管理办法》	部门规章
	《全国重点文物保护单位保护规划编制要求》	规范性文件
	《传统村落保护发展规划编制基本要求(试行)》	规范性文件
省层面	《安徽省实施〈中华人民共和国文物保护法〉办法》	地方政府规章
	《安徽省皖南古民居保护条例》	地方政府规章
市层面	《黄山市古村落保护利用暂行办法》	地方政府规章
	《黄山市徽州古建筑保护利用暂行办法》	地方政府规章
	《黄山市徽州古建筑认领保护利用办法》	地方政府规章
	《黄山市徽州古建筑迁移保护利用办法》	地方政府规章
	《黄山市徽州古建筑保护利用专项资金管理暂行办法》	地方政府规章
	《黄山市古民居原地保护利用产权转让管理暂行办法》	地方政府规章
	《黄山市徽州古建筑消防安全管理办法》	部门规章
	《黄山市徽州古建筑保护利用招商引资暂行办法》	部门规章
县层面	《黟县西递、宏村世界文化遗产保护管理办法》	地方政府规章
	《黟县西递、宏村世界文化遗产保护管理实施细则》	地方政府规章

4.2.3 资金制度

《文物保护法》和《历史文化名城名镇名村保护条例》规定,各级政府需要将文物保护和历史文化名村保护所需资金纳入本级财政预算。而被列为"全国重点文物保护单位"和"世界文化遗产"的皖南传统村落,依据《国家重点文物保护专项补助资金管理办法》,政府为其文物建筑的维修、保护与展示提供了较为稳定的资金保障,包括保护规划和方案编制、文物本体的维修保护、保护性设施建设、陈列展示

等。《关于切实加强中国传统村落保护的指导意见》规定,"中国传统村落"保护目前由国家四部局会同有关部门审核、下达中央财政补助资金。而《黄山市徽州古建筑保护利用专项资金管理暂行办法》等地方制度的建立,为皖南传统村落中的传统建筑的系统保护与科学利用提供了一定的资金保障,包括传统建筑保护利用规划编制及维修方案制定、工程项目、科研项目、建档造册等经费。

4.2.4 监管制度

"文物保护单位"制度的主要管理依据是《文物保护法》,文物保护单位的保护措施的制定和实施由县级以上政府文物行政部门负责;文物保护单位的修缮需要与文物保护单位级别相对应的文物行政部门审批,并按照国有的和非国有的分别由使用人和所有人负责;文物保护单位周围所划出的建设控制地带的建设工程的审批则需要经过与文物保护单位级别相对应的文物行政部门同意后,由城乡建设规划部门审批。"历史文化名村"制度的主要管理依据是《文物保护法》和《历史文化名城名镇名村保护条例》,历史文化名村保护规划由所在地县级政府组织编制,主要管理部门是城乡建设规划部门和文物行政部门,在名村核心保护范围新建、扩建基础设施和公共服务设施,需市、县政府文物行政部门同意后,由城乡建设规划部门审批;在名村核心保护范围内拆除历史建筑以外的建(构)筑物或其他设施的,需要经市、县政府城乡建设规划部门会同同级文物行政部门审批;历史建筑的修缮需要经市、县政府城乡建设规划部门会同同级文物行政部门审批;名村保护范围内涉及文物保护的,执行文物保护法律、法规的规定。

而传统村落的保护和监管暂未形成长效稳定的制度,仅在《关于切实加强中国传统村落保护的指导意见》中对"中国传统村落"的保护和监管做出了规定,形成了"国家四部局——省级四部门——地级市政府——县级政府——乡镇政府——村两委——传统建筑所有者和使用者"所共同形成的监管组织网络,其中县级政府对本地区的传统村落保护和发展负主要责任,并负责相关保护项目的实施。目前主要管理部门是住房城乡建设部门,传统村落规划区内的新建、修缮和改造等建设活动要经乡镇人民政府初审后报县级住房城乡建设部门审批,涉及文物保护单位的还需要经文物行政部门同意。乡镇政府和村两委配合传统村落保护的监管,传统建筑的所有者和使用者负责其维护和修缮。

4.3 皖南传统村落的持续变化

4.3.1 空间环境的变化

1) 周边环境总体保持良好

目前皖南传统村落的周边环境总体保持较好,与村落尚能够达到和谐共生。在对黟县 25 个传统村落进行遗产价值评价时,通过 Google Earth 中 25 个传统村落的影像及其现场调查,发现大部分村落的周边环境,尤其是特色型和一般型村落,虽然因为村民住宅的建设有一定程度的改变,但是周边的山体、植被、河流、农田等都得到了较好的延续,与村落仍然保持较为和谐的关系(图 4.1,见彩图附

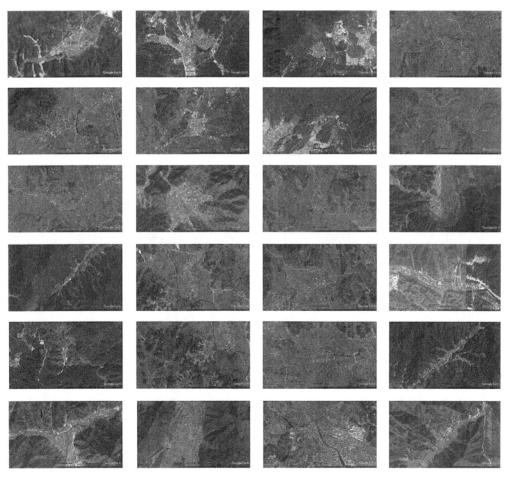

图 4.1 黟县 25 个传统村落周边环境
(来源:Google Earth)

录)。相反,少数遗产型和保护型村落虽然自20世纪80年代起就开始进行保护,但是由于旅游开发带动传统村落及其周边地区的社会经济的快速发展,传统村落周边的开发日益增多,个别传统村落甚至远远超出保护规划的控制要求。而保护型村落,尽管开始保护的时间晚于遗产型村落,但是由于它们经济发展较为缓慢,加上近年来依据保护规划进行的建设管控,它们的周边环境暂时并未出现明显的变化,但是目前保护所面临的压力已经有所显现。

> 目前黟县利用世界遗产地、国保单位等古民居和古村落的资源发展旅游,所以传统村落的周边环境自然会受到影响。有些旅游发展得不错的传统村落,空间承载压力较大,周边地块已经寸土寸金了。联合国申报的时候要求严格控制,但是这一要求与现实发展存在一定的矛盾,西递、宏村的空间环境压力还是比较大的。(访谈15)

如遗产型村落西递和宏村,其保护管理始于1980年代,2000年被列为世界文化遗产后其保护更为规范化。西递和宏村早在1997年、1998年就相继编制了第一版保护规划,将村落周边环境划定为遗产缓冲区(包括建设控制区和环境协调区),并提出了建设控制要求。该版规划实施至2006年修编时,两个村落的周边环境都没有明显的变化。但是2006年修编的第二版保护规划实施至今,西递、宏村的遗产缓冲区内都出现了旅游地产类建设项目,对它们周边的山水格局和整体风貌造成了一定的影响,尤其是宏村的建设控制区用地几乎被开发殆尽(图4.2、图4.3,见彩图附录)。

 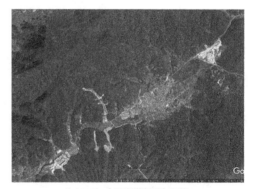

(a) 2006年西递村周边环境　　　　　(b) 2015年西递村周边环境

图 4.2　西递村 2006 年与 2015 年周边环境对比

(来源:《皖南古村落——西递、宏村保护规划》和 Google Earth)

4 皖南传统村落的保护历程、现行制度和持续变化

(a) 2006年宏村周边环境

(b) 2015年宏村周边环境

图 4.3 宏村 2006 年与 2015 年周边环境对比

(来源:《皖南古村落——西递、宏村保护规划》和 Google Earth)

宏村周边建设控制区的用地开发,一部分用于传统村落原有功能的疏解,因为宏村原为镇政府、医院、学校等乡镇公共服务设施所在地,因为保护传统村落的需要,迁出新建;另一部分则用于宏村居住功能的疏解和旅游地产类项目的开发。宏村保护规划明确提出了遗产缓冲区内的建筑要遵循传统居住建筑的平面格局,组织形式为街、巷、院落结合,建筑高度控制在二层,严格限制三层,杜绝四层及以上,建筑密度不大于50%,建筑色彩为黑、白、灰等控制要求。但是这些新建项目除了建筑色彩之外,建筑功能、高度、体量、形式、比例等都超出了保护规划的控制要求。建筑功能主要以沿街商业和多层居住为主,建筑体量相对较大,建筑高度几乎都是三层及以上,建筑密度相对较高,此前制定的保护规划已经被全线突破(图 4.4)。

(a) 新建街巷

(b) 新建居住区

(c) 新建广场　　　　　　　　　(d) 新建商业

图 4.4　宏村周边环境的开发现状

(来源：作者拍摄)

宏村周边环境开发的失控，原因是多方面的。一方面，宏村所处的黟县本身处于皖南山区，可开发的用地很少，宏村周边用地属于少数的平坦并可以用于建设的用地，而城镇化的发展需要用地支撑，所以宏村周边自然成为发展用地。另一方面，宏村旅游的快速发展使得其周边土地价值日益凸显，加上旅游的发展本身也会带来各类旅游服务设施的建设，宏村周边用地自然也就成为开发商和地方政府共同的选择，对其按照保护规划进行控制变得极为艰难。

> 宏村周边目前开发项目较多，相对较乱。当然这也有客观原因，因为黟县处于山区，可开发的用地本来就少，主要就是县城碧阳镇和宏村镇。未来宏村还要打造"特色小镇"，要发展肯定需要用地，到时候肯定对村落周边环境会造成一定的影响。现有的一些本来是保持山体环境的环境协调区的用地，到时候肯定也需要开发。(访谈 21)

> 西递村建设控制区目前建设了一个旅游接待设施项目，包括酒店和写生基地。环境协调区建设了酒店和旅游地产项目。(访谈 24)

> 像关麓、南屏、屏山这样的历史文化名村，目前按照保护规划的要求在控制，周边一直未开发，但是未来的发展一定会对保护造成很大的压力。(访谈15)

而保护型村落卢村，2008 年被列为"中国历史文化名村"后正式成为法定保护的对象。然而 2012 年在卢村环境协调区内距离传统村落仅 200 米的地方开发建设了旅游地产项目。该项目依山而建，占地面积与卢村建设用地面积几乎相同，严重违背了卢村保护规划中对周边山场的保护控制要求，破坏了村落保持了千年的山水格局，影响了村落的主要视觉轴线(图 4.5，见彩图附录)。而黟县的其他几个保护型村落暂时因为经济发展缓慢以及保护规划控制，周边环境并未出现明显的变化,但是保护所面临的压力已经有所显现。

> 这个度假酒店所在的地方原本是我们村先辈的墓地,后来为了开发这个项目政府让大家把坟迁到了另一个地方,大家开始并不是很同意,其实心里面都认为在这个地方搞建设会破坏我们村的风水,但还是同意了,我们这代人怕是要被子孙后代怪罪了。(访谈 22)

(a) 卢村的保护区划

(b) 卢村和旅游地产项目的位置关系

(c) 旅游地产项目与卢村视觉轴线

(d) 旅游地产项目远眺

图 4.5　保护型村落卢村周边旅游地产开发
(来源:《安徽省黟县卢村保护规划》、Google Earth 和作者拍摄)

2) 空间格局和传统风貌保持程度差距明显

皖南传统村落空间格局和传统风貌是其历史文化价值最直接的反映,在以往的保护中也直接决定着村落的保护时间和保护等级。所以历史文化价值相对较高的遗产型和保护型村落,保护时间较早,保护等级较高,至今仍然保持着较为完整的空间形态和街巷格局,传统风貌完整协调,少有不协调的新建建筑。如黟县 25 个传统村落中的 2 个遗产型村落(图 4.6,见彩图附录)和 7 个保护型村落(图 4.7,见彩图附录),其中 5 个以"古建筑群"的形式被列为文物保护单位,6 个被列为"中国历史文化名村",这些列入法定保护的传统村落由于法律法规保障下的严格的建设审批制度,其内部的新建活动基本处于被冻结的状态,仅有极少数村民因为生活需要能够被允许新建或重建住房。仅有塔川村到 2014 年后才被列为中国传统村落予以保护,新建住房比例较其他村落相对高,1980 年代后新建建筑大约占到全村建筑 1/2。

> 目前塔川村共有 60 多幢百年以上明清建筑,如果将 1980 年代之前的建筑都算作老宅,之后的算作新宅,那么老宅和新宅的比例大概是 1∶1,一般村民都是有个老宅子再搬出来新建一个宅子,所以村里是一半老宅一半新宅。(访谈 09)

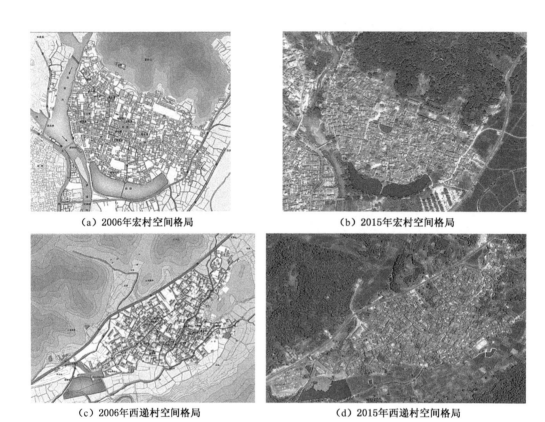

(a) 2006 年宏村空间格局　　　　(b) 2015 年宏村空间格局

(c) 2006 年西递村空间格局　　　(d) 2015 年西递村空间格局

图 4.6　遗产型村落西递村、宏村 2006 年与 2015 年空间格局对比

(来源:《皖南古村落——西递、宏村保护规划》和 Google Earth)

而历史文化价值相对较低的特色型和一般型村落,保护时间较晚,保护等级较低,这些村落空间形态变化较大,仅保留部分成片或零散的街巷格局,不协调的新建建筑较多,村落风貌也较为凌乱。如黟县的 10 个特色型村落和 6 个一般型村落,直到 2014 年之后才被列为"中国传统村落"予以保护,而在此之前这些村落中村民新建和改造住房的行为在建设管理行政体系中基本是盲区,所以这两类传统村落的空间格局和传统风貌大多已遭到了一定程度的破坏。在这些村落过去的发

4 皖南传统村落的保护历程、现行制度和持续变化

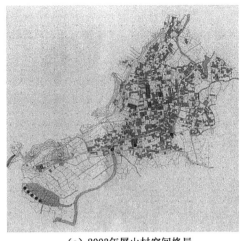 

(a) 2003年屏山村空间格局　　　　　　(b) 2015年屏山村空间格局

图 4.7　保护型村落屏山村 2003 年和 2015 年空间格局对比

(来源:《黟县屏山古村落保护规划》和 Google Earth)

展中,随着村民收入的逐渐增多,村落中新建和重建建筑逐年增多,相当一部分村民已经在传统建筑旁边拆除传统建筑建造现代建筑,村落中呈现出传统建筑和现代建筑几乎各占一半或现代建筑比例更多的局面。碧山村 1980 年代后的新建建筑更是占到全村建筑的 2/3。这些现代建筑以 2—3 层居多,动辄 4—5 层,钢筋混凝土的建筑结构、瓷砖外墙、铝合金窗户等建筑形式与传统风貌极不协调(图 4.8,见彩图附录)。

(a) 碧山村的空间格局　　　　　　(b) 碧山村的村落风貌

图 4.8　特色型村落碧山村的空间格局和村落风貌

(来源:《黟县碧山村古村落保护与利用规划》和作者拍摄)

3) 大量传统建筑损毁严重

绝大多数皖南传统村落中的传统建筑面临大规模严重的损毁,既有自然原因,也有人为原因。皖南传统村落中的传统建筑大多是历经几十年甚至百年以上的砖木结构的建筑,它们在皖南亚热带湿润气候下,木构架往往会发生不同程度的霉

烂，甚至有的木架结构还会因为支撑力的下降而发生倾斜。而且白蚁、黑蜂的大量繁衍也侵蚀着传统建筑构件，导致其脱落。一些年久失修的传统建筑还出现了墙体倾斜、开裂等，时刻有倒塌危险。这类传统建筑如果长期抛空且无人居住，没有经常通风，其自然损坏更为严重，很快就会屋顶长草、瓦垅漏水、梁架坍塌（图4.9）。甚至被列为世界文化遗产的西递、宏村在保护初期，村落中自然损毁的传统建筑也因为修缮资金的缺乏而难以得到及时的修缮。2002年黟县政府的《关于上报"世界文化遗产——西递、宏村保护管理情况"的报告》指出，在西递村和宏村被列为世界文化遗产的第三年，"西递有90%以上、宏村有80%以上的古建筑不同程度受到了白蚁的侵蚀，加上山区气候潮湿，有的木质构件已经腐烂，即将倒塌的古民居占有一定的比重，若不及时抢险，则会直接威胁到古民居的生存"。

（a）已经倒塌的传统建筑

（b）濒临倒塌的传统建筑

图4.9　皖南传统村落中损毁严重的传统建筑
（来源：作者拍摄）

传统建筑就像老人，"小病不医，大病难治"，三年一小修，五年一大修，太严重就难以维修了。（访谈26）

除了自然损毁，皖南传统村落的居民生活方式和生产活动的改变导致其对传统建筑的建设性破坏也是其损毁严重的重要原因。皖南传统村落中的传统建筑，大多是木架支撑、木板隔间、楼板成阁、房间狭小、采光较差，难以满足现代生活方式的需求。随着村落社会经济的发展，村民改善现有居住条件的愿望日趋强烈，于是村民会对自家的住房进行一定的改建或扩建。而遗产型和保护型村落，大多已被列为文物保护单位或历史文化名村，所以建设活动的管控时间较长且相对严格，传统建筑的建设性破坏相对较少，但是仍有居民以维修之名进行传统建筑的拆旧建新。而长时间未被纳入法定保护体系的特色型和一般型村落，虽然已经在2014年逐步纳入行政保护体系，但是其保护仍然缺乏法规保障，乱拆乱建现象仍然较为普遍。

4.3.2 功能用途的变化

1) 传统村落不再是单纯的农村社区

自1980年代少数皖南传统村落中的村民开始自发经营旅游以来,发展旅游似乎已经成为实现皖南传统村落经济发展最常用和可行的手段,皖南传统村落已经不再是单纯的农村社区。以黟县25个传统村落为例,9个遗产型和保护型村落因为良好的历史文化资源已经有7个整体开发为旅游景区。而其他16个特色型和一般型村落虽因历史文化资源相对不足而未得到整体开发,但是也已经有不少村民和外来投资者以经营农家乐和民宿客栈的方式发展乡村旅游。近年来,皖南传统村落的第三产业收入的比例一直维持在较高的水平,部分村落的第三产业收入比例更是达到70%左右,村落中的农村剩余劳动力大多转行旅游服务业,如黟县宏村80%以上的人口从事旅游及相关产业,农民人均纯收入由2000年的2 239元增加至2015年的18 020元。据统计,2008年黟县的旅游直接和间接从业人员就已达2万多人,占全县劳动就业人口的1/4。

> 西递和宏村在2000年申报世界遗产到现在,最大的变化就是游人增加了、业态丰富了,70—80年代没有发展旅游的时候,没有农家乐、民宿和旅游商品商店,现在有很多。有人认为存在过度商业化的问题,我认为这是社会发展的必然结果和社会进步的表现,没有对与错。随着传统村落社会经济的发展,老百姓也有权利参与和分享发展所带来的福利。(访谈18)

2) 传统建筑功能用途日益多样化

皖南传统村落旅游业的发展使得传统建筑的功能用途日益多样化。部分传统建筑由于其较高的历史文化价值而被开发为对外开放的旅游景点,如西递村将走马楼、旷古斋、大夫地等十几幢历史文化价值较高的明清时期的传统建筑列入该旅游景区的固定旅游景点向游客开放。与此同时,随着村民经营旅游资源的意识逐渐觉醒,村民开始将私有的传统建筑开发为商业用途参与到与村落旅游相关的经济活动中,如从事旅游商品销售和餐饮服务。据统计,截至2015年年底,黟县共有旅游商品经营店铺800多家,年销售额达10亿元以上。而部分体量较大、采光通风条件优越、接待承载能力较高的私有传统建筑,则在村民或外来投资者的经营下成为农家乐和民宿客栈。据统计,截至2016年初,黟县共有农家乐和民宿客栈439家,还有部分国有或集体所有的传统建筑成为文化创意和展示交流的场所,如南京某书店有限公司就利用黟县碧山村汪氏祠堂启泰堂打造了碧山书局。

毕竟现在传统村落旅游发展也都有一些苗头了,条件好一些的村民会将自家古民居装修一下做民宿、农家乐等,前期投入大一些,但是中后期投入小,可以增加一部分收入。(访谈04)

4.3.3 社会经济的变化

1) 常住人口逐年减少,呈现出"空心化"趋势

皖南传统村落近年户籍人口变化不大,但是由于外出务工人员逐年提升,常住人口有所减少,呈现出一定的"空心化"趋势。以黟县25个案例传统村落为例,根据《农村经营管理情况统计报表》,2008年至2015年间25个传统村落所在行政村的户籍人口由34 641人减少至33 738人,年增长率−0.36%;与此同时,外出务工人口由5 165人增加至10 559人,年增长率11.88%,到2015年外出务工人口已经占到户籍人口的31.3%(图4.10)。村落外出务工人员以青壮年人群为主,老人和孩子留守在家,村落原本的生产生活方式存在一定的瓦解现象。

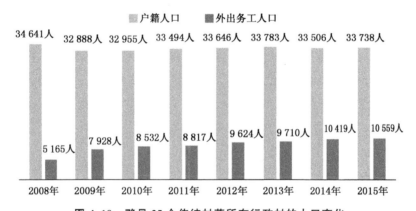

图4.10 黟县25个传统村落所在行政村的人口变化

(数据来源:《农村经营管理情况统计报表》)

本研究在进行问卷调查时,在皖南传统村落中的确难以见到青壮年人群,随机抽取的250个调查对象中60岁以上老人竟超过100人(图4.11)。对黟县25个案例村落的问卷调查结果也显示,家庭人口以3口人的核心家庭和5口人的主干家庭占比最高,传统村落的家庭人口平均约为4个人,每家平均就有1个人外出务工(图4.12)。外出务工已经成为家庭最主要的收入来源,约占家庭收入的三成。村民的受教育程度普遍较高,所调查的250个家庭的993个村民中,六成以上的村民完成了我国的九年义务教育达到初中以上教育水平(图4.13)。

4 皖南传统村落的保护历程、现行制度和持续变化

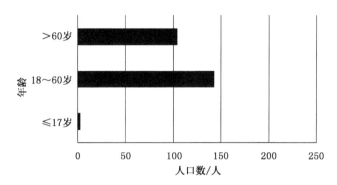

图 4.11 黟县 25 个传统村落受调查对象的年龄分布
（数据来源：问卷调查结果）

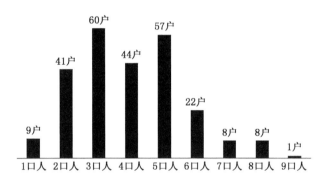

图 4.12 黟县 25 个传统村落 250 户家庭的家庭人口数
（数据来源：问卷调查结果）

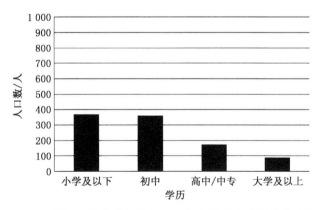

图 4.13 黟县 25 个传统村落 250 户家庭的家庭成员的教育程度
（数据来源：问卷调查结果）

而遗产型传统村落西递、宏村的常住人口的减少幅度比其他类型的传统村落更大。近年旅游业的迅速发展使得两村传统建筑经营租金极大上涨，引发了原住村民的大量外迁。传统村落大部分村民囿于年龄和能力的短板，难以从事旅游商

业的经营,尤其是村落中的一些老人,他们既没有能力也没有精力在村落中从事经营活动。所以村民会将自己私有的传统建筑出租给外地有能力的人去经营民宿或进行旅游商品销售等,自己则搬离传统村落居住在村落所在的乡镇或县城。这就导致了如今在西递、宏村内部居住的大多数是在内部从事旅游商业经营的外地人,仅有少数经营当地手工艺品的商家仍是本村人。

> 现在住在西递、宏村的真正的户籍人口已经不多了,大部分搬出来了,住在里面的大多数是经营户,都是来自五湖四海的人。有部分村民自己在里面做生意,有的把房子租给别人做生意。大部分村民都没有能力去经营,特别是有些老人家,就搬出来住了,将房子出租给有能力的人去经营,然后自己每年拿租金就行了。(访谈19)

> 具体西递、宏村里面多少是本地人经营,多少是外地人经营,我们政府也没登记过,但能肯定的是大部分是外地人。像一些经营砖雕、石雕、刻字之类的都是本地人经营的,像产业化的、品位高的都是外地人在经营的,包括某酒吧这类,本地人做不了。(访谈24)

2) 经济总体稳步提升,不同类型村落差距明显

近年,皖南传统村落的经济整体上实现稳步提升。以黟县25个案例传统村落为例,根据《农村经营管理情况统计报表》,2008年至2015年其农村经济总收入由2.2亿元增加到5.3亿元,年平均增长率13.6%(图4.14)。农民人均纯收入由2008年的5510元增加到2015年的15633元,远高于全国平均水平的10772元,年平均增长率16.2%(图4.15)。与此同时,皖南传统村落的产业结构总体上仍以第一产业(农业)为主导,但是第三产业收入比例一直保持在较高的水平,2015年黟县25个传统村落所在行政村的农村经济总收入的三产收入比例为45.56∶22.37∶32.07(图4.16)。

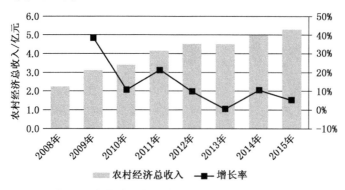

图4.14 黟县25个传统村落所在行政村农村经济总收入总和变化

(数据来源:《农村经营管理情况统计报表》)

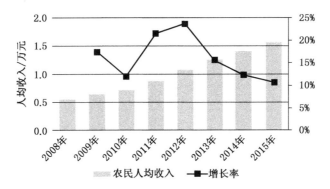

图 4.15 黟县 25 个传统村落所在行政村的农民人均收入变化

(数据来源:《农村经营管理情况统计报表》)

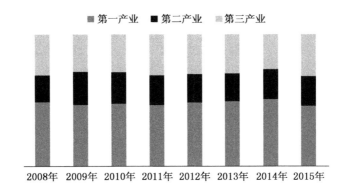

图 4.16 黟县 25 个传统村落所在行政村产业结构变化

(数据来源:《农村经营管理情况统计报表》)

部分已经成为旅游景区或位于其他旅游景区附近的传统村落已经以第三产业为主导,第三产业收入比例已经达到70%左右(表4.7)。在一定程度上可以认为,传统村落旅游已经成为黟县县域经济发展的支柱产业和富民产业。2000年黟县旅游收入占GDP的比重仅为6.5%,2013年达到24.5%;2000年全县旅游收入增加值占GDP增加值的比重只有13.3%,2013年达到34.2%。与此同时,黟县的地方财政收入也因为传统村落的旅游开发实现逐年增加,从2000年的3 037万元到2014年的2.92亿元,其中涉及旅游业的财政收入有9 565.6万元,占比25.8%。

表 4.7 黟县部分传统村落所在行政村的产业收入和产业结构(2015年)

村落名称	所在行政村	第一产业/万元	第二产业/万元	第三产业/万元	三产比例
宏村	宏村	463.30	255.20	2 331.50	15.19∶8.37∶76.44
西递村	西递村	464.30	256.20	2 332.50	15.21∶8.39∶76.40
卢村	雉山村	420.00	90.40	1 078.60	26.43∶5.69∶67.88

续 表

村落名称	所在行政村	第一产业/万元	第二产业/万元	第三产业/万元	三产比例
屏山村	屏山村	260.60	153.90	1 027.50	18.07∶10.67∶71.26
塔川村	塔川村	380.70	155.00	1 125.30	22.92∶9.33∶67.75
下梓坑村	星光村	214.30	85.60	610.10	23.55∶9.41∶67.04
际村	际村	402.20	433.00	1 754.80	15.53∶16.72∶67.75

数据来源:《农村经营管理情况统计报表》

尽管皖南传统村落的经济总体上处于稳步上升的状态,但是遗产型村落与保护型、特色型、一般型村落之间目前仍然存在明显的经济差距,如黟县遗产型村落西递村与一般型村落兰湖村2015年的农民人均纯收入差距竟高达8 000元。以黟县25个传统村落为例,2015年遗产型村落与其他三类村落的农村人均收入平均值的差距也达到4 000元。而2008年至2015年间,遗产型村落的农民人均收入的平均值由6 689元增加至18 300元,年平均增长率15.64%;保护型村落由4 899元增加至14 473元,年平均增长率16.94%;特色型村落由4 731元增加至13 088元,年平均增长率15.76%;一般型村落由4 807元增加至14 004元,年平均增长率16.70%(图4.17)。

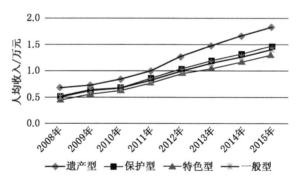

图4.17 黟县不同类型传统村落所在行政村农民人均收入

(数据来源:《农村经营管理情况统计报表》)

目前,已经得到旅游开发的皖南传统村落主要以遗产型、保护型村落为主,也有少数的特色型和一般型村落。已开发的皖南传统村落中,除了遗产型传统村落游客人数上涨迅速、旅游收益提升较快以外,其他三种类型的传统村落则陷入了开发越多、收入越少的怪圈(表4.8)。以黟县为例,目前已开发的传统村落有遗产型村落西递、宏村,以及保护型村落南屏、关麓、屏山、塔川,除了西递、宏村的旅游得到迅速发展之外,其他几个传统村落的旅游开发并未产生良好的经济效益和社会效益。究其原因可能有以下几点:①旅游开发深度不足,产品趋同。目前,对传统村落盲目投资与开发引发了皖南传统村落旅游发展出现旅游产品单一、管理水平低下、村落特色缺失等问题,观光旅游仍是皖南传统村落的主要旅游产品,文化旅游产业链较短。②旅游经营管理专业化水平低。部分传统村落旅游开发以村为主导,村民就成为旅游经营管理主体,由于村民专业知识缺乏和文化素质低下,难以为传统村落的旅游开发提供高质量的管理和服务,从而导致传统村落的旅游业经营模式粗放、经营效益不佳。③传统村落各自为政,缺乏统筹。这些旅游产品相似的传统村落为保障自身利益甚至采用恶性竞争的方式争抢客源,地区内部出现旅游市场割据现象(陈安生,汪炜,2007)。

表 4.8 黟县 5 个传统村落景区近年接待游客和门票收入

名称		年 份				
		2008	2009	2010	2011	2012
西递	接待游客/人次	550 310	613 962	690 937	719 493	822 871
	门票收入/万元	2 201.79	2 366.95	2 690.25	3 429.4	3 971.62
宏村	接待游客/人次	829 056	924 510	1 099 346	1 225 076	1 436 315
	门票收入/万元	3 976.34	4 322.12	4 855.96	6 578.33	8 185.19
南屏	接待游客/人次	70 047	70 685	76 495	77 465	84 902
	门票收入/万元	102.47	116.55	137.55	146.79	173.92
关麓	接待游客/人次	16 968	17 982	19 552	20 035	21 941
	门票收入/万元	19.20	21.54	26.51	28.61	36.84
屏山	接待游客/人次	19 347	26 409	33 900	41 557	59 108
	门票收入/万元	26.67	44.13	48.21	57.98	78.99

数据来源:根据《黄山市旅游景点统计电讯月报表》绘制

不可否认,皖南传统村落旅游业的发展使得村民家庭收入得到提升,收入来源更加多元。对黟县 25 个传统村落的 250 户家庭的问卷调查显示,皖南传统村落的家庭年收入达到 3 万—5 万元的占比最高,其次是 1 万—3 万元,值得注意的是,家庭收入 5 万元以上的占比也已经达到二成(图 4.18)。目前村民家庭收入来源较多,外出务工和种植获取的收入占主导地位。经商已经成为传统村落除了外出务工和种植之外最重要的家庭收入来源。目前经商、旅游开发分红和房产出租三项收入占家庭收入的比例已经升至二成以上(图 4.19)。而村民在对未来家庭收入来源的期待中,仅有少数的村民仍旧希望通过外出务工的方式提升家庭收入,超过半数的村民未来希望传统村落旅游能够得到进一步开发,并能通过旅游开发分红的方式提升家庭收入,还有部分村民希望未来能通过经商和种植养殖为家庭带来收入(图 4.20)。

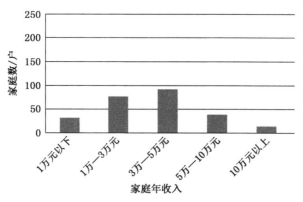

图 4.18　黟县 25 个传统村落 250 户家庭年收入
（数据来源：问卷调查结果）

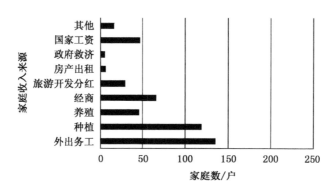

图 4.19　黟县 25 个传统村落的家庭收入来源
（数据来源：问卷调查结果）

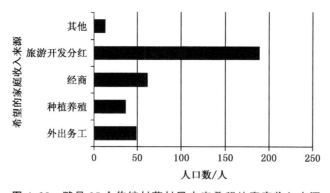

图 4.20　黟县 25 个传统村落村民未来希望的家庭收入来源
（数据来源：问卷调查结果）

5 皖南传统村落的保护机制

5.1 遗产型传统村落的保护机制——以西递村和宏村为例

5.1.1 西递村、宏村概况

西递村、宏村分别位于黄山市黟县的西递镇和宏村镇,2000年被列为世界文化遗产,2001年被列为全国重点文物保护单位,2003年被列为中国历史文化名村。西递村始建于公元1047年,至今已有970余年历史。西递村依山傍水,由前边溪、后边溪、金溪形成"船形"带状空间形态,由大路街、横路街、直街以及40多条巷弄组成网状街巷格局,空间格局至今保持完整。西递村现有文物建筑139幢,其他传统建筑57幢,还有古牌坊、古井、古桥、古树、古水利设施等各类历史环境要素,传统风貌保存完好,几乎没有不协调的新建建筑。近年,西递村人口略有增长,截至2015年有户籍人口1 161人(图5.1)。西递村的旅游原来由村办企业经营,其农村经济总收入由2008年的2 970万元增长至2013年的6 555万元。后来因为村集体将旅游经营权转让给外来旅游公司,2015年该村农村经济总收入降至3 869万

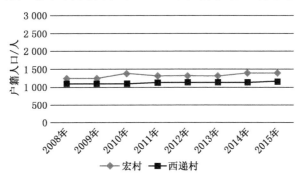

图 5.1 西递村和宏村所在行政村的户籍人口变化

(数据来源:《农村经营管理情况统计报表》)

元(图 5.2)。在西递村旅游经营权出让给外来旅游公司之后,西递村的第三产业收入占比有一定的下降,第二产业和第一产业收入占比有一定上升,但是第三产业的主导地位仍然明显,目前产业结构趋于稳定,2015 年三产比例为 11.53∶10.57∶77.90(图 5.3)。西递村农民人均收入增长较快,由 2008 年的 6 556 元增加至 2015 年的 18 580 元(图 5.5)。

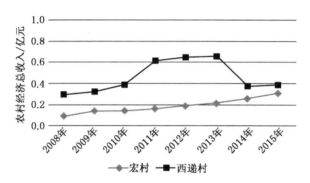

图 5.2 西递村和宏村所在行政村的农村经济总收入变化
(数据来源:《农村经营管理情况统计报表》)

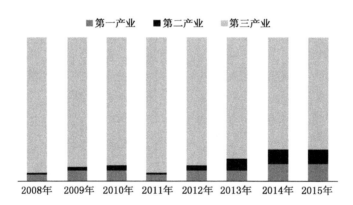

图 5.3 西递村所在行政村产业结构变化
(数据来源:《农村经营管理情况统计报表》)

宏村始建于公元 1131 年,至今已有 880 余年历史。宏村北面为雷岗山,东、西侧为东山和石鼓山,南部地势开阔。按照风水理论在村中建"月沼"、村南建"南湖",形成东、西、北三面环山,一面水抱,"藏风聚气,负阴抱阳"的空间形态。由前街、上水圳街、下水圳街、茶行弄等形成网格状的街巷格局,并由大、小水圳,住宅水园和月沼、南湖构成牛形水系,空间格局至今保留完整。宏村现有文物建筑 98 幢,其他传统建筑 20 幢,还有古桥、古树、古水系等各类历史环境要素,传统风貌保存完好,几乎没有不协调的新建筑。近年,宏村人口增长较快,截至 2015 年有户籍人口 1 402 人(图 5.1)。宏村农村经济总收入稳步增长,由 2008 年的 923 万元增加

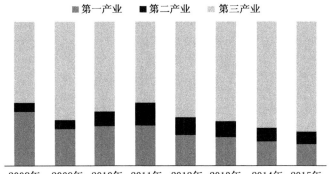

图 5.4 宏村所在行政村产业结构变化
（数据来源：《农村经营管理情况统计报表》）

至2015年的3 050万元（图5.2）。随着第一产业和第二产业收入比例的进一步缩减，宏村第三产业的主导地位愈加明显，目前产业结构相对稳定，2015年三产比例为15.19∶8.37∶76.44（图5.4）。宏村农民人均收入增长较快，由2008年的6 822元增加至2015年的18 020元（图5.5）。

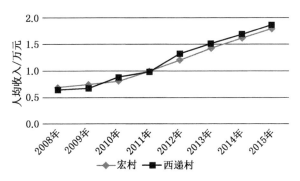

图 5.5 西递村和宏村所在行政村的农民人均收入变化
（数据来源：《农村经营管理情况统计报表》）

5.1.2 参与机制：网络管理，村民参与

1）政府建立保护管理网络

在西递村、宏村被列为世界文化遗产之后，黟县政府出台《黟县西递、宏村世界文化遗产保护管理办法》《黟县西递、宏村世界文化遗产保护管理实施细则》《关于"理顺职责关系、强化遗产保护"体制机制建设的方案》等制度文件，建立了以县世界文化遗产管理委员会为统筹协调组织，由县世界文化遗产管理办公室，县政府各相关职能部门，西递镇、宏村镇政府，西递村、宏村村两委，旅游公司，民间组织为主要管理主体所构成的保护管理网络（图5.6）。县世界文化遗产管理委员会是统筹

和协调各个管理主体的组织,主要负责审议西递、宏村的保护规划、保护项目、政策措施等。县世界文化遗产管理办公室,与黟县文物局合署办公,简称为"县遗产办(文物局)",是县政府设立的负责西递、宏村保护、管理和监测的专门机构。西递镇、宏村镇政府分别负责西递和宏村保护、开发、利用的项目实施和日常管理,包括传统建筑修缮、村落环境整治、村落消防安全、旅游秩序管理、违法建设查处等。旅游公司在协助政府的保护管理工作的基础上,负责景区内作为景点使用的传统建筑的修缮

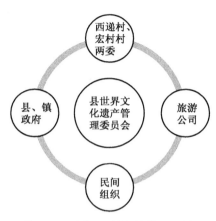

图 5.6 西递、宏村保护管理网络

维护以及旅游经营管理。西递村、宏村村两委在协助政府的保护管理工作的基础上,负责世界文化遗产保护的宣传、环境卫生整治、村规民约落实、村民素质提升等工作,并负责协调村落旅游发展与村民生产生活相关利益的矛盾纠纷。西递村和宏村分别成立了西递村老年协会、宏村古村落保护协会、爱我宏村民间协会等民间组织,它们的主要作用是组织、宣传、发动村民自觉遵守遗产保护承诺和主动参与遗产保护。

2) 引导村民主动参与保护

通过旅游收益分红与私有传统建筑日常维护直接挂钩提高村民保护意识。西递村旅游门票收益分红与村民私有传统建筑的日常维护是直接挂钩的。西递村的旅游门票收入每年有固定比例在村民之间分配,分配依据主要是人口和房屋建筑面积,二者的比例为4.5∶5.5,"人口分配"以"门前三包、环境保护费"的方式发放,"房屋分配"以"古建筑资源保护费"的形式发放,通过房屋等级、面积、功能等按比例发放,用作村民日常维护古民居的费用。通过对村民的访谈得知,"古建筑资源保护费"的发放还有一定的考核奖惩机制,村委会与村民签订保护协议,如果村民存在故意损毁古民居或者没有及时进行维护,村委会将暂扣这笔费用,直到古民居得到了应有的维护才予以发放。与其村民人均分红数目(约为4 000元/年)相似的宏村采取的是直接按人口分配,没有与古民居日常维护挂钩。与其相比,西递村按人口和房屋建筑面积并且具备考核奖惩机制的旅游收益分配的方式显然更能提高村民的保护意识,并调动村民参与保护的积极性。

通过引导村民参与旅游开发、共享发展红利促进村民主动自觉保护。政府在对西递、宏村进行保护管理的同时,对村落旅游发展的支持和村民参与旅游业的引导,使村民从旅游开发中获得了较大的收益,从而促进绝大多数村民自觉主动地保护传统村落和传统建筑。

> 政府对传统村落的保护管理开始往往会引起政府和老百姓之间的矛盾,老百姓甚至对保护还会产生抵触心理,认为"我这个破房子一年搞不到一点钱,还有这么多规矩"。但是这只是一个过渡,政府还是要坚持管理,之后再去引导旅游业发展,使传统村落的保护管理和活化利用相结合,使村民从遗产保护中获益,从而自觉去保护。(访谈16)

在西递、宏村未进行旅游开发前,西递、宏村的村民收入来源主要以种植养殖为主,村民的收入较低。而西递、宏村利用其独特的历史文化资源发展旅游业之后,村民的收入结构和收入水平发生了根本性改变,95%以上的村民直接或间接从事旅游业,如开办农家乐、民宿客栈、写生基地,从事工艺品加工、民俗展示等。2015年,西递、宏村农民人均年纯收入分别达到约1.86万元和约1.80万元,与2000年相比,均增加1万多元。在村民收入攀升的同时,西递、宏村村集体的收益也不断增加,进一步促进了西递、宏村的社区发展。据统计,西递、宏村村集体经济收入由2000年的20万元/年左右增长到2014年的653万元/年和750万元/年,分别增长32.7倍和37.5倍。村集体利用这些收入不断完善社区公共服务设施,并建立了村民医疗、养老、升学以及生活设施等福利补助制度。通过对西递、宏村村民的访谈得知,起初政府对西递、宏村进行的保护管理,对村民的生产生活带来了诸多不便,甚至引起村民的反感。但是后来政府引导下的西递、宏村旅游业的迅速发展给他们带来了经济收益的成倍增加,村民们保护传统村落和传统建筑的意识和能力都有了较大的提升,现在西递、宏村的村民已经开始自觉主动地保护传统村落和传统建筑。

> 之前有一段时间,大家把自家的花园改造成猪圈,房间变成仓库,木雕就钉上钉子挂腊肉。那时候一栋老房子,只要三百斤萝卜就可以买下。后来宏村申请上世界遗产,旅游发展起来了,外来游客的赞叹和旅游收入的增加让大家开始重新看待老房子和古村落这些传统的东西,而且逐渐感到应该把古村落和老房子好好保护起来,它们其实和别人那祖传的古董是一样的。(访谈20)

> 老房子都是老祖宗给我们留下来的财富,我们怎么能去破坏它呢?别说我这一辈的人从小一直生活在这里,对这个老房子很有感情,我会主动地去维护它。即便是我的两个80后的孩子,虽然他们现在居住在县城,他们白天都在这附近做生意,他们也都明白这个古村落和老房子的价值。这些宝贝就是祖宗传给我们的一个金饭碗,谁不知道保护啊。(访谈25)

而黟县25个传统村落的调查问卷显示,在对传统村落旅游开发的态度上,97%的村民希望未来加大所住传统村落的旅游开发力度,仅有2%村民持无所谓的态度,仅有1‰的村民不希望,说明村民对传统村落旅游发展的诉求极为强烈,政府在保护时应该加以引导。

一个传统村落只有在政府进行保护管理的同时,积极通过基础设施的改善、旅游的发展引导和带动老百姓参与到村落的保护利用中,这才是一条活路。传统村落应该通过发展旅游,去引导老百姓利用好传统建筑做农家乐、民宿,出售工艺品等,这样老百姓才有可能去响应和参与政府的保护管理。(访谈23)

5.1.3 空间策略:保护肌理,整治环境

1) 保护历史肌理

遗产型村落西递和宏村目前空间形态保持良好,街巷格局完整,这得益于自1990年代以来依据保护规划对其历史格局的保护。为了参评"世界文化遗产"以及指导保护实践,西递和宏村先后于1997年、1998年分别编制了第一版保护规划《西递古村保护规划》和《宏村保护与环境整治规划》,规划将西递和宏村的保护范围划定为3个层次——保护区、建设控制区和环境协调区,并提出相应的建设控制要求。2006年第二版保护规划《皖南古村落——西递、宏村保护规划》在第一版的基础上进行修编,保护区划总体上延续了第一版保护规划(图5.7,见彩图附录),按照世界文化遗产保护的要求将西递村和宏村保护范围划分为遗产核心区(保护区)和遗产缓冲区(包括建设控制区和环境协调区),保护区和建设控制区的面积保持不变,环境协调区的面积有所扩大,该规划对遗产核心区的整体格局、历史建筑、历史环境要素、整治建筑提出了保护要求,对遗产缓冲区的土地、人口、建筑、山体和景观提出了控制要求(表5.1)。

(a) 西递村保护规划

(b) 宏村保护规划

图 5.7 西递、宏村的保护区划

(来源:《皖南古村落——西递、宏村保护规划》)

表 5.1 西递、宏村两版保护规划的保护区划及其保护要求

第一版			第二版		
保护区划	面积	保护要求	保护区划	面积	保护要求
保护区	西递 24 公顷，宏村 28 公顷	严格保护历史格局和传统风貌；严格控制建设，适当调整用地结构；确须重建、改建、维修的建筑必须在建筑形式、高度、体量、色彩以及尺度比例上严格审批	遗产核心区	西递 24 公顷，宏村 28 公顷	保护整体格局形态及自然环境；按照文物保护要求严格保护历史建筑；保护古街巷空间特征及景观环境；维护保留人工水系、自然水体、古树、古井、菜园等历史环境要素；控制整治建筑的功能、色彩、平面格局、装饰、形式等，保持传统建筑风貌和空间组织方式；改善或拆除不符合风貌要求的建筑，严格限制新建筑
建设控制区	西递 65 公顷，宏村 45 公顷	承担镇区发展需要而又不宜在古村发展的建设项目；控制建设项目规模，新、改、建的建筑须保持传统风貌	遗产缓冲区	西递建设控制区 65 公顷、环境协调区 400 公顷；宏村建设控制区 45 公顷、环境协调区 330 公顷	保护耕地、菜地、山场和水系等自然生态环境；规划保留的建筑应与传统风貌协调，不协调部分应整修改造，严重影响传统空间格局和风貌的应拆除；规划新、改建建筑，建筑高度、体量、色彩、形式等应与古村协调；古村落主要空间通视廊，不得新建构筑物，已有的影响严重的必须拆除，影响较小的改造、整修
环境协调区	西递 300 公顷，宏村 100 公顷	严格封山育林，严格控制大中型建设项目，限制各种工业污染以及任何有不良环境影响的建设			

来源：根据《西递古村保护规划》《宏村保护与环境整治规划》《皖南古村落——西递、宏村保护规划》绘制

在两版保护规划的指导下，西递、宏村在保护区严格控制新建建设，尤其在 2000 年两个村落被列为世界文化遗产之后，其保护区内的新建和扩建活动就基本处于被冻结的状态，仅有极少数村民因生活需要或住房濒危等原因能够被允许新建房和重建房。而之后两个村落相继被列为国家层面法定保护的对象——"全国重点文物保护单位"和"中国历史文化名村"，在《文物保护法》和《历史文化名城名镇名村保护条例》的保障下，其核心保护区内除了必要的基础设施和公共服务设施，几乎没有进行任何新建或扩建。

> 西递和宏村自 2000 年申报世界文化遗产以来，核心保护区内几乎没有新建一个房子，基本都是在可控情况下进行的维修和利用。（访谈 16）

西递村核心保护区禁止新增建设活动，自世界文化遗产申报成功后到现

在,一直在严格控制。2000年到现在就新建了一些村里发展必需的基础设施和公共服务设施,如公共厕所、旅游设施、停车场、变电站、消防站等。(访谈24)

西递、宏村对传统建筑的保护是从1980年代起在旅游发展和文物保护驱动下对国有或集体所有的公共传统建筑的修缮开始的。当时西递古民居群、西递胡文光刺史牌坊和宏村民居三立堂、承志堂、南湖书院等传统建筑(群)先后被批准为安徽省级文物保护单位,之后,黟县政府对它们进行了抢救性修复。西递、宏村第一版保护规划在对村内所有建筑进行调查的基础上,将传统建筑分为重点保护建筑、保护建筑、保存(整治)建筑三类,并提出分类保护和整治措施。2006年第二版保护规划《皖南古村落——西递、宏村保护规划》为了契合《文物保护法》和《历史文化名城名镇名村保护条例》管理内容的设置,将遗产保护核心区内的传统建筑分为文物建筑、保护建筑和历史建筑三类,并提出保护要求(表5.2)。根据两版保护规划,黟县政府对西递、宏村其保护核心区内的列入国家级文物保护单位的、国有和集体所有的公共传统建筑进行了统一的修缮,如西递村秀华堂,拥翠楼,三畏堂,胡元尉、胡同根宅,桃李园等,宏村树志堂、冒华居、南湖书院等。但是由于一幢传统建筑修缮至少需要几十万元甚至上百万元的费用,尽管当地政府规定西递、宏村的村民如果按照要求维修私有传统建筑可以给予40%的维修资金资助,但是村落内部的一些私有传统建筑仍然处于无力修缮、任其倒塌的状态。

表5.2 西递、宏村两版保护规划的建筑分类及其保护要求

版本	建筑分类	数量	保护要求
第一版	重点保护建筑	西递29幢,宏村11幢	严格保护,适当维修,用作各类型的综合和专业博物馆、艺术馆等;采用原材料并严格按照原样保护修缮,不许更改内部结构;周边5米严格限制任何新建筑;迁出居民
	保护建筑	西递173幢,宏村20幢	保留原有格局,外观维修保存并进行定期维护修缮;内部适当更新改进,增设卫生设施;允许适当更改内部功能,以居住为主
	保存、整治建筑	西递47幢,宏村不详	保护外观,内部可适当更新,以适应现代生活需要;稍加改建,整治外观;平立面须进行改造调整;全部或局部拆除

续 表

版本	建筑分类	数量	保护要求
第二版	文物建筑	西递139幢,宏村98幢	避免干预,保护周边环境,防止可能出现的建设性破坏,维持居住功能,鼓励按规划有条件地开设徽式乡村客栈、家庭旅馆
	保护建筑	西递37幢,宏村20幢	按照传统工艺方法与形式风貌要求进行维修,改造或拆除与传统风貌不符的加建部分;不改变外观特征,调整、完善内部布局及设施以适应现代生活需求
	历史建筑	西递20幢,宏村8幢	
	协调的一般建(构)筑物	西递116幢,宏村133幢	保留,整修
	不协调的一般建(构)筑物	西递20幢,宏村189幢	改造,拆除

来源:根据《西递古村保护规划》《宏村保护与环境整治规划》绘制

2) 整治村落环境

目前西递、宏村传统风貌完整协调,几乎没有突出不协调的新建建筑,这得益于两个村落在申请世界文化遗产期间统一的村落环境整治。西递、宏村依据保护规划的要求对传统村落的历史遗存和建(构)筑物进行现状调查后,确立了4大类整治内容,并采取了不同的方法予以整治:对传统建筑和历史环境要素,如石板路、古民居、古祠堂、古牌坊等,保持原样;对使用传统材料和传统工艺,保持传统风貌的新建、改建的建(构)筑物,原则上予以保留,局部不协调的进行调整;对使用新材料和新工艺,与传统风貌相冲突的新建、改建的建(构)筑物,原则上予以拆除,少数经技术处理后对传统风貌不构成严重影响的,采取措施予以处理;与传统风貌不协调的其他部分,原则上予以调整统一,至少在景观视野范围内统一(表5.3)。

> 为了和整个村落传统风貌协调,西递、宏村有一些原先的猪栏棚、杂货棚,现在已经改造成了徽派的低矮建筑。还有一些80—90年代建的与传统风貌不协调的平顶房、罗马柱、贴瓷砖的部分都陆续得到了改造。(访谈16)

> 宏村的道路街巷的地面、两侧、顶层可以看见的地方都进行了改造,有些道路原来是90年代做成的水泥地,被维修成了传统的石板路。两侧修旧如旧、墙体修复,空中电线杆变成地下管线。(访谈19)

表 5.3　西递、宏村环境整治的内容和方法

整治内容	整治方法
传统建筑和历史环境要素	保持原样
使用传统材料和传统工艺,保持传统风貌的新建、改建的建(构)筑物	原则上予以保留,局部不协调的调整
使用新材料和新工艺,与传统风貌相冲突的新建、改建的建(构)筑物	原则上予以拆除,少数经技术处理后对传统风貌不构成严重影响的,采取措施予以处理
与传统风貌不协调的其他地方	原则上予以调整统一,至少在景观视野范围内统一

来源:根据(吴晓勤,2002)绘制

5.1.4　政策保障:建设管控,财政支撑,旅游反哺

1) 传统建筑修缮管控严格

随着西递、宏村旅游业的迅速发展,部分村民在经济利益的驱使下希望通过改、扩建私有传统建筑作为商业经营之用。在此背景下,黟县政府对西递、宏村保护区内的私有传统建筑的修缮实行严格的审批和监管,设立了"古民居修缮九道程序"(图 5.8),依据这一程序顺利完成修缮的,将会得到一定比例的资金资助。村民在修缮私有传统建筑时需要经过如下程序:村两委将村民修缮的书面申请提交至乡镇政府,乡镇政府工作人员实地勘察后发放修缮申请表;乡镇政府工作人员将书面申请和修缮申请表上报至县遗产办审批;县遗产办技术人员现场勘查,制定修缮方案,并签署审批意见;县遗产办指定具有专业资质的古建公司做出修缮预算;

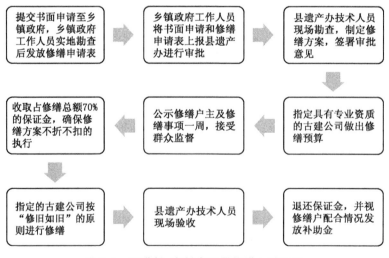

图 5.8　西递村、宏村古民居修缮九道程序

公示修缮户主及修缮事项一周,接收群众监督;乡镇政府向村民收取保证金,确保修缮方案的执行;古建公司按照"修旧如旧"的原则进行修缮;县遗产办技术人员现场验收;乡镇政府退还保证金,修缮完成并符合设计要求的发放40%的遗产保护补助资金。

2) 公共财政投入支撑保护

西递、宏村在被列入世界文化遗产之后,先后被列入"全国重点文物保护单位""中国历史文化名村""中国传统村落"等国家级法定和行政保护名录中。因为保护等级较高,其保护得到各级政府公共财政投入的大量资金支持。其中有各级政府文物部门设立的针对文物保护单位的保护资金,如全国文物消防安全"百项工程"、国保省保集中成片传统村落文物保护工程、国家重点文物保护专项补助资金等,这类资金根据文物建筑的类型和修缮所需经费按照比例予以拨款。

> 西递、宏村每年都会有遗产保护资金进行文物本体的修缮,修缮施工完成后由县遗产办和镇相关部门验收,达到设计要求的,按照修缮资金进行配套。如果是个人产权的,老百姓拿60%,遗产保护资金解决40%;如果是公共产权的,就是国家或集体产权的,遗产保护资金100%解决。西递、宏村目前资金压力上比起我县其他的历史文化名村或者还没列入名村的村落应该还是要小不少。(访谈23)

还有中央和省政府发改部门设立的针对历史文化名村保护的专项资金,如中央政府设立的历史文化名城名镇名村保护设施建设项目、国家文化和自然遗产保护设施建设项目等,一般按照国民经济与社会发展五年计划一次性下拨,资金数额为西递、宏村各约300万元。中央政府还设立了中国传统村落保护项目专项资金,资金数额为西递、宏村各300万元。安徽省人民政府针对历史文化名城、名镇、名村、街区保护设立的以奖代补专项资金,最初是2003年安徽省政府设立的"世界遗产地专项资金",2013年该资金更名为"徽派建筑保护与传承专项补助",2015年该资金再次更名为"历史文化名城名镇名村街区以奖代补专项资金",该资金对西递、宏村的资助数额一直没有改变,约300万元/年。据统计,2006年至今,西递、宏村已经累计投入约6亿元,对200余幢传统建筑和历史环境要素等进行了修缮保护。

3) 旅游开发反哺遗产保护

旅游开发为西递、宏村提供了直接的保护资金支持。1990年代,在政府公共财政投入和村民经济能力有限的情况下,宏村引进了某外来旅游公司对其进行经营管理。该旅游公司采用了"先保护后开发"的模式,投入资金修缮传统建筑、整治周边环境、完善基础设施,这些保护措施在宏村早期的保护中起到了重要的作用。

这些年来,西递、宏村的旅游发展日益成熟,旅游人次逐年增加,带动了传统村落及其周边地区经济的快速发展。据统计,西递旅游接待人次和门票收入由2000年的18.50万人次和528.80万元,达到2015年的79.88万人次和4 250.12万元;宏村旅游接待人次和门票收入由2000年的8.09万人次和128.00万元,达到2015年的186.00万人次和11 311.00万元。旅游人次分别增长了4.3倍和23.0倍,旅游门票收入分别增长了8.0倍和88.4倍。根据《黟县西递、宏村世界文化遗产保护管理办法》《黟县西递、宏村世界文化遗产保护管理实施细则》的规定,每年西递、宏村旅游门票收入的20%都将作为黟县的遗产保护资金,到2015年年底,该项资金已经累计达到3亿多元(表5.4)。

表5.4 西递、宏村2010—2015年旅游发展状况

名称		年 份					
		2010	2011	2012	2013	2014	2015
西递	接待游客/万人次	69.09	71.95	82.29	56.37	68.27	79.88
	门票收入/万元	2 690.25	3 429.14	3 971.62	2 743.68	3 578.77	4 250.12
	提取文保资金/万元	538.05	685.83	693.29	548.74	715.75	850.02
宏村	接待游客/万人次	109.93	122.51	143.63	152.03	163.83	186.00
	门票收入/万元	4 855.96	6 578.33	8 185.19	8 981.29	10 124.71	11 311.00
	提取文保资金/万元	971.19	1 315.67	1 637.04	1 796.26	2 024.94	2 262.20

来源:根据黟县旅游委提供的数据绘制

5.2 保护型传统村落的保护机制——以南屏村为例

5.2.1 南屏村概况

南屏村位于黄山市黟县的碧阳镇,2006年被列为全国重点文物保护单位,2008年被列为中国历史文化名村。南屏村距今已有1100多年历史。南屏村南倚金竹山、淋沥山和南屏山,北侧地势开阔,东西两侧的干溪汇入村北的西瓜河,由几十条长短不一、尺度各异的街巷组成网状街巷格局,空间格局至今保持完整。南屏村现有文物建筑12幢,其他传统建筑160余幢,还有古树、古桥、古井、古坝等各类历史环境要素,村落传统风貌基本保存,有少部分不协调的新建建筑。

近年,南屏村人口基本持平,截至2015年有户籍人口927人(图5.9)。南屏村农村经济总收入稳步增长,由2008年的928万元增加至2015年的2 281万元(图5.10)。南屏村农民人均收入增长较快,由2008年的5 082元增加至2015年

的14 070元(图5.11)。南屏村仍然以第一产业为主导产业,第三产业占比逐年提升,2015年三产比例为48.18∶13.76∶38.06(图5.12)。

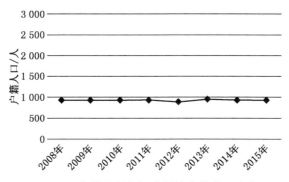

图5.9　南屏村所在行政村的户籍人口变化

(数据来源:《农村经营管理情况统计报表》)

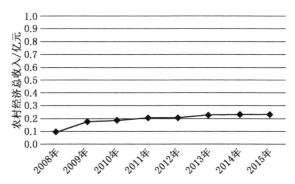

图5.10　南屏村所在行政村的农村经济总收入变化

(数据来源:《农村经营管理情况统计报表》)

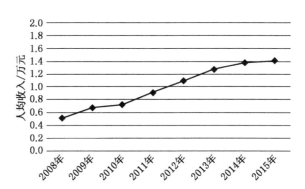

图5.11　南屏村所在行政村的农民人均收入变化

(数据来源:《农村经营管理情况统计报表》)

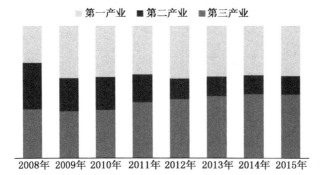

图 5.12　南屏村所在行政村产业结构变化

（数据来源：《农村经营管理情况统计报表》）

5.2.2　参与机制：政府主导，村民配合

1）政府发挥主导作用

在西递、宏村被列为世界文化遗产之后，黟县政府于 2001 年出台了《黟县西递、宏村世界文化遗产保护管理办法》《黟县西递、宏村世界文化遗产保护管理实施细则》，并在文件中明确规定南屏、关麓、屏山 3 个传统村落的保护管理参照西递、宏村执行，但是南屏村并未像西递、宏村一样形成由县政府、镇政府、村两委、旅游公司、民间组织所构成的保护管理网络。南屏村虽然在 1997 年与宏村同时转让旅游经营权给某外来旅游公司，但是与宏村旅游发展状况差距明显。至 2012 年，南屏村和宏村的游客量分别为 8.49 万人次和 143.63 万人次，后者是前者的约 17 倍；门票收入分别为 173.92 万元和 8 185.19 万元，后者是前者的约 47 倍。在南屏村旅游发展一直未见起色的情况下，该旅游公司一直未对南屏村的遗产保护和旅游发展投入更多的人力和物力，一直处于勉强维持的状态，这也造成了旅游公司在其保护管理中的事实上的缺位。

在旅游公司缺位和民间组织未成立的情况下，南屏村的保护管理一直由政府通过公共财政投入和行政控制手段来发挥着主导作用，村两委则是起到配合作用。其中，县和镇两级地方政府是南屏村保护最直接的责任和实施主体。被列为"全国重点文物保护单位"和"中国历史文化名村"的南屏村，其保护、管理和监测主要由县遗产办（文物局）全面负责，主要包括保护技术指导、保护规划的组织编制与审查、保护项目资金的申请、相关建设项目的审批工作等，县住建委、县规划局等其他县级职能部门则需要配合这些工作。镇政府则通过与县政府的规划、住建、文物、土地、发改、旅游等部门建立密切联系，对南屏村的保护进行日常监管、建设项目的实施和对村级保护管理工作的指导。村两委则是配合政府进行保护项目的实施、环境卫生整治、村规民约的落实等。

传统村落保护需要政府进行强有力的保护管理,需要先做保护规划,并且按照保护规划去管理。如果政府不去进行管理,老百姓最初对传统村落保护既没有意识也没有能力,他们可能在盲目的利用中就破坏了传统村落。(访谈15)

2) 村民积极配合保护

近年来,皖南传统村落大部分村民的保护意识有着较大的提高,已经具备一定的参与基础。尤其在西递、宏村被列为世界文化遗产之后,包括南屏村在内的黟县25个传统村落的村民的保护意识都得到了较大的提升。

自从西递、宏村申报成为世界文化遗产之后,整个黟县从政府到老百姓对古村落、古民居的保护意识都增强了。尤其是古民居现在越来越值钱了,一幢(房子)价格都达到上百万元,很多老百姓也会自发去维护和保护了。(访谈13)

目前村民的脑子里老房子的价值确实提升了,就像古董一样,已经上升到一个很高的位置了。(访谈03)

古民居目前的价格已经在100万元左右,村民即便是自己不居住古民居了,也还是能看到古民居升值的空间,他们一般也都在慢慢地修缮古民居。(访谈05)

在对黟县25个传统村落的问卷调查中,六成以上的村民明确表示知道自己所住的村落被列为"中国传统村落",并表达出对村落的自豪感以及对村落保护的关注。而对于传统建筑的保护方式,半数以上村民认为应该原封不动保存,四成的村民认为应该局部改造,仅有少数的村民认为应该拆旧建新,说明大部分村民虽然由于文化程度和经济条件的不同,对保护方式的认知上存在差异,但是保护意识总体较强(图5.13)。

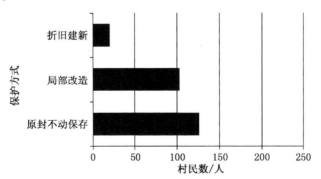

图5.13 黟县25个传统村落村民对传统建筑的态度

(数据来源:问卷调查结果)

对于皖南传统村落保护主体的认知,近半数的村民认为应该全社会共同去保护,其他村民大多认为村民和政府是最重要的保护主体(图 5.14)。结果表明,村民普遍认为传统村落的保护需要政府、村民、旅游开发公司和民间保护组织的共同作用,但是认同政府和他们自身是传统村落保护最重要的主体。

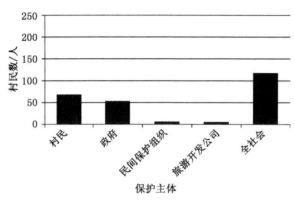

图 5.14 黟县 25 个传统村落村民对保护主体的认知
(数据来源:问卷调查结果)

但是目前包括西递村、宏村、南屏村在内的皖南传统村落的村民在保护过程中的参与层次仍然较低,并未参与到相关的保护决策中,主要是配合政府进行保护规划的编制、保护项目的实施,少部分经济条件较好的村民会主动进行私有传统建筑的修缮。在传统村落保护规划编制时,规划设计公司会深入村落调查基本情况,并与村两委和村民进行座谈,现场查看历史文化价值较高的传统建筑,并提出保护建议。

> 所有的传统村落保护规划编制的时候,设计公司都会来到村里了解基本情况,进行村两委和村民座谈,现场查看村里的古民居并提出保护方案。(访谈 03)
>
> 中国传统村落保护项目实施过程中,我跟村民的接触比较多,目前村民的保护意识还是很强的,对于保护项目的实施也都很支持。比如我在南屏村实施污水管网工程的时候,老百姓会主动要求施工单位提供管道,由老百姓自发出人力协助污水管道入户,因为污水处理不到位,整个村落的环境都会受影响。村民普遍认为这些修缮项目很好,就是覆盖面还是太窄。(访谈 12)

与此同时,村民也积极配合甚至主动参与到保护项目实施中,如南屏村在实施污水管网铺设工程时,村民主要要求施工单位提供管道,村民自发出力协助污水管道入户,说明村民已经意识到自己也是村落保护的重要主体,应该在保护过程中发挥更大的作用。目前村民也已经开始自发地进行私有传统建筑的修缮,因为所需费用较多,一般需要几十万元乃至上百万元不等,所以即便是保护意识很强的村民也难有经济能力去修缮,目前不少私有传统建筑处于无力修缮、任其倒塌的状态,亟待出台私有建筑修缮的补助制度。

> 现在古民居目前是靠村民自发的修缮,少数困难群众可以获取一点危房改造资金,但是想要完整的保护,需要很大的一笔修缮费用,一栋房子几十万元都修不好,往往投入下去 100 万—200 万元才能达到目的。村民也不是没有保护意识,但是确实无力修缮,因为这不是一点点的资金。(访谈 03)

5.2.3 空间策略:保护肌理,恢复节点

1) 保护历史肌理

因为地方政府较早对其历史文化价值的关注和建设活动的管控,南屏村目前空间形态保持较好,街巷格局较为完整。在西递、宏村申请世界文化遗产成功后,黟县政府在 2001 年出台了《黟县西递、宏村世界文化遗产保护管理实施细则》,并规定南屏、屏山、关麓 3 个传统村落的保护需参照这一细则执行,所以自 2000 年以后村落内部的新建活动就需要由县政府住建和文物部门审批。南屏村于 2003 年编制了保护规划《黟县南屏古村落保护规划》,将南屏村保护范围划分为保护区、建设控制区、环境协调区,并提出了保护要求(表 5.5)。

表 5.5 南屏村保护规划的保护区划及其保护要求

保护区划	面积	保护要求
保护区	14 公顷	保持传统街巷格局;传统建筑只可修缮,不能随意改变原状;历史遗迹应予保护,保留残存部分,有条件的可以恢复,但必须尊重历史;工程管线应采用地下敷设或其他措施避免产生视线干扰,铺地符合传统特色做法;新建、改建建筑高度控制在两层,建筑风格系徽派建筑特征
建设控制区	26 公顷	建筑形式保持徽派建筑的外观,以坡屋顶为主,色彩以黑、白、灰为主色调;建筑高度控制在四层以下,靠近保护区的地段应进行视线分析,如果对视觉景观造成破坏的,建筑高度控制在三层以下;建筑整治主要是对建筑屋顶、建筑细部、色彩整治以及使用现代建筑材料的部分的整治;清淤整治河道,复建驳岸等,沿河绿化应与传统风貌协调
环境协调区	141 公顷	在保护整体风貌的前提下控制建设,一切建设活动均应经规划部门审批后方能进行,建筑高度控制在四层以下

来源:根据《黟县南屏古村落保护规划》绘制

依据保护规划,南屏村保护区的新建、改建建筑的高度和形式都要对其进行相应的控制,在村落公路附近、村落主街巷延伸区都有一些新建住宅,但是由于这些住宅位置分散、体量适度,所以对其空间形态的影响较小,总体上几乎没有什么变化(图 5.15,见彩图附录)。在南屏村被列为全国重点文物保护单位和中国历史文化名村之后,南屏村保护区的新建基本上被冻结,村民如果需要新建房屋只能在离村落 1 公里的新村进行。另外,南屏村还利用历史文化名村基础设施专项资金、旅游基础设施国债项目资金以及中国传统村落项目资金对村内道路街巷进行了修缮,重要街巷采用青石板材料和传统技术铺设,边缘街巷则采用水泥石板铺设。

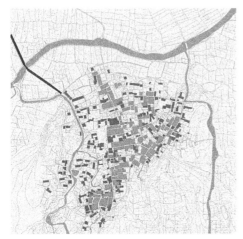

(a) 2003年南屏村空间格局　　　　(b) 2015年南屏村空间格局

图 5.15　保护型村落南屏村 2003 年和 2015 年空间格局对比

(来源:《黟县南屏古村落保护规划》和 Google Earth 下载)

南屏村从 2000 年以后盖房子镇里就不给审批了,只能县里审批。我们村里除了维修,新建房子一般都要到农民新村,那里目前已经有 20 多栋房子,在古村周边 1 公里的地方。(访谈 03)

南屏村核心区里面尽量不给新建(房子),我们希望村民建房尽量去农民新村,避开古村,但是很多老百姓不愿意,他们希望在里面改造经营。(访谈 13)

《历史文化名城名镇名村保护条例》上有规定,在名村核心区内不宜有任何新建建筑,所以我们规划局不会在里面批新建建筑,一直是严控。只有减法可以,与传统环境不协调的可以拆,拆了之后就不给新建了。(访谈 15)

表 5.6 南屏村保护规划的建筑分类及其保护要求

	建筑分类	数量	保护要求
保护类	文物建筑	11幢	不允许更改内部结构,不得破坏环境风貌,不能随意增加与历史不相符合的陈设、装饰。保护修缮应采用原材料,严格按文物建筑保护的原则保存、维护和修复
	预备文物建筑	不详	保留原有格局、结构和使用功能,在原址按照原貌采用原材料保护修缮,修旧如旧,允许内部适当改进,增设厨卫设施,以居住为主
	一般的历史建筑		保留原有格局,外观维修保存,内部更新改造,居住建筑增加卫生设施,允许适当改变内部功能
非保护类	与历史风貌无冲突的一般建筑物		保留、整修
	与历史风貌有冲突的一般建筑物		保留、整修、改造、拆除

来源:根据《黟县南屏古村落保护规划》绘制

《黟县南屏古村落保护规划》将南屏村保护区的建筑分为文物建筑、预备文物建筑、一般的历史建筑、与历史风貌无冲突的一般建筑物、与历史风貌有冲突的一般建筑物 5 类,并提出了相应的保护要求(表 5.6)。但是依据现行的保护资金制度,只有国家或省级文物保护单位的传统建筑,才有资格申请省级以上政府下拨的保护资金资助其修缮,县级文物保护单位几乎没有政府下拨的保护资金。所以南屏村在 2006 年被列为国家级文物保护单位之前,几乎没有保护资金对其传统建筑进行修缮。在此之后,黟县政府开始着手申请国家重点文物保护专项资金对部分文物建筑,如叶奎光堂、叙秩堂、慎思堂、叶育林宅、雕花厅等进行修缮(图 5.16)。不仅如此,政府下拨的保护资金惠及面很窄,往往只可用于国有或集体所有的公共传统建筑的修缮,如古祠堂、古书院等,甚至列为国家或省级文物保护单位的私有传统建筑能得到资助的可能性都极低。因为传统建筑修缮所需的费用很大,一般至少需要几十万元甚至上百万元,即便是保护意识很强的村民也很难有经济能力去进行维修,所以南屏村的大批传统建筑处于无力修缮、任其倒塌的状态。

> 省保、国保的文物都可以向中央和省政府申请维修资金,但是政府每年也没有这么多钱。一个南屏村就有 170 多栋古民居,整个古建筑群被列为国保单位,一个老房子维修要几十万元甚至上百万元资金,国家不可能下拨这么多资金,老百姓更是没有经济能力维修。(访谈 14)

(a) 叶奎光堂　　　　　　　　　　　(b) 叙秩堂

图 5.16　南屏村修缮中的叶奎光堂和叙秩堂

(来源:作者拍摄)

2) 恢复景观节点

南屏村位于叶奎光堂前的广场和位于村口的水口是南屏村最重要的两处景观节点,在保护资金极其有限的情况下,南屏村对它们进行了维修和恢复。叶奎光堂前的广场是南屏村的重要标志和特征,该广场在保持原空间尺度不变的基础上,进行了石板铺设,留出了视觉走廊,对村落入口的空间效果进行了强化。南屏村水口,原由武溪河、万松林、万松桥以及水口建筑组成,本是自然和谐的有机整体,但是由于保护不力,水口建筑遭到损毁,万松桥岌岌可危。南屏村在对武溪河进行河道清淤和护岸维修的基础上,对万松桥进行修缮,按历史原貌恢复建设了万松亭。祠堂广场和水口景观的修缮和恢复将会提升和彰显南屏村的历史文化价值(图 5.17)。

(a) 修缮中的祠堂广场　　　　　　　(b) 恢复后的水口景观

图 5.17　南屏村的祠堂广场和水口景观

(来源:作者拍摄)

5.2.4 政策保障:建设管控,引入投资

1) 强制性管控建设性破坏

皖南传统村落中的传统建筑大多是木架支撑、木板隔间、楼板成阁、房间狭小、采光较差,难以满足对现代生活方式的需求。随着家庭收入的提升,村民改善现有居住条件的愿望日趋强烈。对于被列为"全国重点文物保护单位"和"中国历史文化名村"的南屏村,根据《文物保护法》和《历史文化名城名镇名村保护条例》,其保护区不允许进行任何基础设施和公共服务设施之外的新建、改建,只允许对传统建筑进行修缮。但是因为传统建筑修缮一般至少需要几十万元甚至上百万元,村民很难有经济能力去进行维修,所以部分村民为了改善居住条件就以修缮的名义进行拆建。目前地方政府对南屏村传统建筑的建设性破坏主要是采取强制性管控的方式,造成严重破坏的当事人甚至需要承担一定的刑事责任。但是由于南屏村的旅游发展并未给村民带来经济效益,传统建筑保护对于村民来说负面影响大于正面效益,所以现阶段村民对政府的强制性管控也有着很强的抵触情绪,有的时候政府和村民几乎成了对立面。

> 古民居是我家传下来的东西,你政府又不给我一分钱,凭什么要求我按照你的要求去做,你说我是国保,你没有资金给我,唯一的就是每年旅游门票分红一个人300元,对于我家的经济根本没有帮助,这个古民居现在已经成为我的负担了。(访谈05)
>
> 之前在南屏村发现乱拆乱建的情况,我们都去及时制止,不能等到老百姓把房子建起来,那个时候损失更大。要按照保护规划来控制,如果大家都乱拆乱建,几年之后这个历史文化名村就不复存在了。(访谈13)
>
> 老房子设施确实都比较简陋,现代人的生活条件有所提升,老百姓想在里面修建必要的设施改善生活条件,本身无可厚非。我们现在应当去疏,而不是去堵,一味地说不能修、不能建。(访谈14)
>
> 从文物保护的角度,古村落和古民居的遗产价值很高,但是从一个普通老百姓的角度,首先需要满足简单的生活需求,政府把社会责任强加给他们显然是不合理的。(访谈23)

2) 引入旅游公司投资经营

由于政府公共财政投入和村民经济能力有限,所以皖南传统村落希望通过外来旅游公司介入进行旅游经营的方式增加保护资金,并带动村落及其周边地区的经济发展,但是这一模式在具体操作中仍然存在一些问题。旅游公司本质上追求

利益最大化,它对传统村落保护资金的投入是以盈利为目的,对于难以盈利的村落不会有过多投入,甚至几乎不投入。即便是能够盈利的村落,旅游公司也仅仅会对旅游设施建设或者景区环境维护投入资金,不会对传统村落中的传统建筑修缮和基础设施改善投入资金。比如黟县政府在1997年将宏村、南屏村和关麓村的旅游经营权出让给某外来旅游公司,其中宏村旅游发展迅速,南屏村、关麓村一直未有起色。该旅游公司对宏村的资金投入相对较多,但是也仅仅局限于旅游设施建设、景区环境维护等,而且在对宏村旅游经营权期限过半之后,也没有继续进行任何的追加投入。而对于南屏村和关麓村,该旅游公司则一直没有按照约定投入资金,仅仅是勉强维持两个村落的旅游经营。

> 某旅游公司就是皮包公司,利用我们的资源,每年带钱走,不会投入一分钱。(访谈03)
>
> 某旅游公司的主要精力放在宏村,那边收益更高。南屏村里的基础设施投入,90%来自政府,也不能完全说某旅游公司完全不投入,但是估计最多也就10%。像我们刚刚看到有个污水难以排放的问题,某旅游公司就整了一下,但是都是一些小的投入,基本上是不投入。毕竟企业考虑的是收益和投入。(访谈13)

实践证明,1997年至今,宏村、南屏村、关麓村虽然都引入了旅游公司,旅游发展状况差距明显,但是共同点却是它们的公共传统建筑修缮、基础设施改善等绝大部分保护资金的投入仍然来自各级政府的公共财政投入。换句话说,遗产型和保护型传统村落的保护仍然需要政府发挥主导作用。在这种情况下,黟县政府向某旅游公司收回了1997年所出让的关麓村的旅游经营权,转为黟县政府下属的某国有旅游公司经营,并探索旅游公司介入传统村落旅游开发的新模式:在政府进行公共传统建筑修缮和基础设施改善的前提下,由该国有旅游公司投入资金征地建设农民新村,迁出拥有传统建筑、无力修缮而且有意向迁出的村民。这些村民原本居住的私有传统建筑以产权置换或出租的方式交给该国有旅游公司经营。该国有旅游公司则在获取私有传统建筑的经营权后投入保护资金对其进行修缮,并统一进行旅游经营。

> 政府现在希望整村推介给大的集团公司,政府把基础设施搞好之后,希望有财力和能力的大公司能把整个村拿去经营,而不是搞一栋房子开发成民宿,那个只是小打小闹,不是我们想要的发展模式。(访谈13)

目前政府已经下拨近700万元资金用于关麓村的基础设施改善和历史环境整治。旅游公司已经花了100多万元征地26亩做农民新村,已经开工了。

除了关麓八大家是文保单位不能改造经营,某国有旅游公司准备产权置换或租赁50多栋有一定历史文化价值的老房子,直接由旅游公司和村民去谈,政府牵线搭桥,村两委帮忙协调。(访谈11)

5.3 特色型和一般型传统村落的保护机制——以碧山村和黄村为例

5.3.1 碧山村和黄村概况

碧山村、黄村均位于黄山市黟县的碧阳镇,2013年被列为中国传统村落。碧山村和黄村虽然形成年代久远,但是一直未能得到保护,所以它们的空间形态变化较多,仅保留零散的街巷格局。由于长期缺乏管控,建盖新房的村民逐渐增多,不协调的新建建筑也较多,但是它们仍然保留了一定的风貌特色。碧山村现有传统建筑99幢,黄村现有传统建筑63幢,两村还有古塔、古桥、古树等各类历史环境要素。近年,碧山村和黄村人口减少较多,碧山村户籍人口由2008年的2 909人减至2015年有2 606人,黄村户籍人口由2008年的2 070人减至2015年的1 895人(图5.18)。碧山村和黄村的农村经济总收入稳步增长,碧山村由2008年的1 417万元增加至2015年的4 689万元,黄村由2008年的1 458万元增加至2015年的3 146万元(图5.19)。碧山村和黄村农民人均收入增长较快,碧山村由2008年的4 594元增加至2015年的14 543元,黄村则由2008年的4 068元增加至2015年的13 884元(图5.20)。碧山村和黄村仍以第一产业为主导产业,且占比一直较高,2015年碧山村的三产比例为67.31∶19.60∶13.90(图5.21),黄村的三产比例为59.41∶34.58∶6.01(图5.22)。

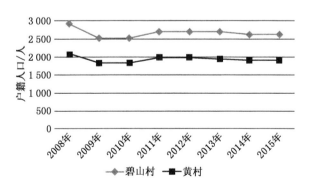

图5.18 碧山村和黄村所在行政村的户籍人口变化

(数据来源:《农村经营管理情况统计报表》)

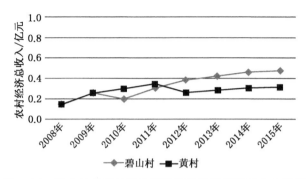

图 5.19　碧山村和黄村所在行政村的农村经济总收入变化
（数据来源：《农村经营管理情况统计报表》）

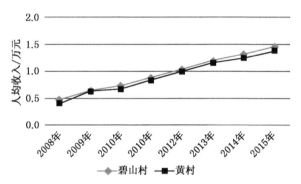

图 5.20　碧山村和黄村所在行政村的农民人均收入变化
（数据来源：《农村经营管理情况统计报表》）

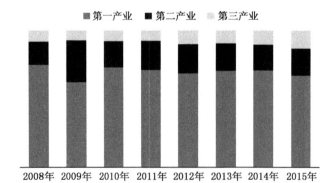

图 5.21　碧山村所在行政村产业结构变化
（数据来源：《农村经营管理情况统计报表》）

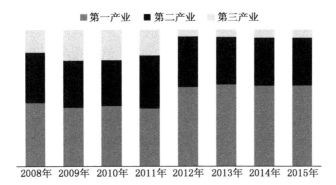

图 5.22 黄村所在行政村产业结构变化
(数据来源:《农村经营管理情况统计报表》)

5.3.2 参与机制:政府引导,社会参与

1) 政府宏观引导保护

碧山村和黄村由于历史文化价值相对较低,所以一直未被列为国家或省级文物保护单位、历史文化名村等法定保护对象,直到 2013 年被列为"中国传统村落"后才在国家层面被列为行政保护对象并予以保护。在此之前,碧山村和黄村在 2009 年被列为黄山市"百村千幢"古民居保护利用工程的保护对象后,地方政府已经开始通过对其保护与发展进行宏观引导和干预,如制度框架的制定、保护资金的支持、相关产业的扶持等。针对列入"百村千幢"工程的传统村落,黄山市制定了《黄山市"百村千幢"古民居保护利用工程实施方案》,这一文件首次从政策层面对其保护性利用提出了引导方向:在保护的同时,应发挥其资源优势,拓展使用功能,创造经济效益,增加村民收入。为了保障这些传统村落的保护性利用的实施,黄山市政府相继出台了一系列的规范性文件,如《黄山市古村落保护利用暂行办法》《黄山市徽州古建筑认领保护利用办法》《黄山市徽州古建筑迁移保护利用办法》《黄山市徽州古建筑抢修保护利用办法》《黄山市徽州古建筑保护利用专项资金管理暂行办法》等,对保护中涉及的传统建筑使用性质的转变、土地转让、认领保护、迁移保护、抢修保护、资金支持等做出了规定。另外,黄山市和黟县政府还通过专项引导资金的设立,运用以奖代补、贷款贴息等形式为村落的保护规划编制、基础设施建设、村落环境整治等提供资金支持。

2) 动员社会共同参与

对于特色型村落碧山村和一般型村落黄村的保护,政府不再发挥主导作用,而是广泛动员社会力量和资金参与到保护中,共同推进传统村落的保护与发展。社会力量的共同参与,可以为村落注入新的业态,并且引导村落保护与旅游业、文创产业、服务业发展相结合。如碧山村引入热爱皖南传统村落和传统建筑的社会人士打造文化创意产业基地、摄影俱乐部、乡村客栈等一批文化旅游新业态,形成了"多业并举"的局面。而政府引导社会力量通过国有传统建筑的委托管理、私有传统建筑的租赁和产权流转等方式参与到保护中,使社会资金成为传统村落保护与开发利用资金的重要来源,进一步缓解了传统村落保护资金的供求矛盾。如碧山村通过委托管理的方式引入社会资金修缮了国有传统建筑汪氏祠堂,并打造出文化创意业态碧山书局;通过产权流转的方式则使得几乎濒临倒塌的私有传统建筑引入社会资金进行修缮并打造出文化旅游业态某酒吧乡村客栈。

5.3.3 空间策略:改善设施,多元空间

1) 改善基础设施

碧山村和黄村几乎没有被列入文物保护单位、国有或集体所有的传统建筑,所以政府下拨的保护资金一般无法用于其村内传统建筑的修缮,于是两个传统村落的保护路径是通过基础设施改善和村落环境整治,吸引社会资本进行村落中传统建筑修缮和乡村旅游开发,从而实现传统村落和传统建筑的保护性利用。而且两个村落基础设施一直处于严重缺失的状态,道路多以破损的泥石结构路面为主,供水、排水、消防等市政基础设施几乎是空白,现有条件显然难以满足村民生产生活的基本需求,亟待改善。2010年在黄山市"百村千幢"古民居保护利用工程的推动下,碧山村和黄村分别制定了《黟县碧山村古村落保护与利用规划》和《黟县黄村古村落保护与利用规划》,这两个规划在关注传统风貌保护的基础上,极为注重与村落旅游发展相关的保护利用项目的安排,主要包括保护整治项目(保护修缮和风貌整治)、公共设施项目(道路交通、公用设施、环卫设施)、开发利用项目(游客服务中心、休闲度假中心、村史展览馆等)。但是这些项目安排因为保护资金的缺乏,开始并未得到有效的实施。直到2013年碧山村和黄村被列为中国传统村落,其才利用中央政府下拨的中国传统村落保护专项资金实施保护与利用规划中的部分项目,主要包括道路停车、垃圾收集、雨污水处理、电力电信等基础设施和防火、防灾、防洪等安全设施的完善(图5.23)。

中国传统村落保护专项资金可以支持5类项目,包括传统建筑保护利用示范、防灾安全保障、历史环境要素修复、基础设施和环境改善、文物和非物质文化遗产保护利用。所以包括碧山村和黄村在内的大多数特色型和一般型村落,在历史文化遗存较少、生产生活条件较差、保护资金有限的情况下,更倾向于实施基础设施和环境改善项目。比如黟县首批有10个中国传统村落在专项资金的支持下实施共67个不同类型的保护项目,其中51个项目是基础设施和环境改善项目(图5.24)。

5 皖南传统村落的保护机制

(a) 改善前的街巷风貌　　　　　　　(b) 改善后的街巷风貌

图 5.23　碧山村街巷改善前后对比

(来源:作者拍摄)

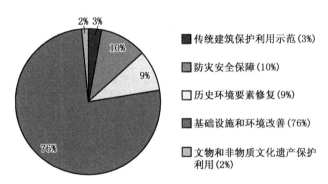

图 5.24　黟县首批中国传统村落保护专项资金支持的各类项目比例

(数据来源:《黟县传统村落项目需求表》)

2) 营造多元空间

碧山村和黄村的保护注重社会资本对乡村旅游发展的带动作用,试图引入社会资本拓展传统建筑的使用功能,在村落中营造多元文化空间,最终以利用促进保护,比较有代表性的案例有:碧山村的古祠堂转化为书店、古民居转化为乡村客栈、牛圈转化为咖啡店、猪栏转化为酒吧等,黄村则将名人故居转化为博物馆。

碧山村中保护等级较低的传统建筑汪氏祠堂通过委托管理的方式被打造成文化创意和展示交流空间——碧山书局(图 5.25)。碧山书局所在的传统建筑原是始建于清代荒废已久的汪氏祠堂启泰堂。该祠堂建筑面积 396.2 平方米,建筑布局为三开间三进二天井,砖木结构,中青瓦屋面,三开砖空斗墙围护,青条砖横铺就

117

天井。2014年碧阳镇政府引进了南京某书店有限公司对该祠堂进行修缮并免费授予其50年的使用权。该书店投入了140多万元将荒废已久的古祠堂启泰堂修缮为集艺术展览、人文讲座、咖啡文化、文化创意等的多元化的阅读体验空间,古祠堂旁的牛圈被改造为咖啡馆(图5.27)。古祠堂的修缮和日常维护都在黟县遗产办和碧阳镇政府监管下由该书店负责。碧山书局和牛圈咖啡馆的打造,构建了碧山村的公共文化空间,提升了碧山村的文化氛围,增加了碧山村的客流量。

(a) 修缮前的汪氏祠堂　　　　　(b) 修缮后的碧山书局

图 5.25　碧山书局修缮前后对比

(来源:网络图片和作者拍摄)

另一幢碧山村村民所有的、几乎濒临倒塌的传统建筑则被迁居皖南传统村落生活的诗人夫妇打造成为乡村客栈(图5.26)。2010年,这对诗人夫妇与该村村民私下交易购买了这幢传统建筑,并将其修缮成为乡村客栈,目前这幢房屋已经顺利通过产权流转。这幢传统建筑为清代盐商建于清末民初的砖木混合三层住宅,建筑格局保存完好,但是由于村民没有经济能力对其进行修缮而破败不堪,一楼的天井甚至已经成为村民养猪的地方。这对来自上海的诗人夫妇购买了这幢几乎濒临倒塌的传统建筑,在保留原有房屋结构的基础上,投入资金将其修缮成为拥有9间客房的乡村客栈并对外经营。而该建筑旁面向漳河的原有的废弃的辅助用房则被他们改造成为酒吧(图5.27)。

除了通过产权流转方式,碧山村另一幢村民私有的传统建筑则被通过租赁方式引入社会资金进行修缮并经营民宿。这幢清代建筑因常年无人居住,年久失修,其木构架已经部分开裂、腐烂,墙面粉刷剥落,屋面和马头墙青瓦均已短缺,楼板近一半腐烂,几乎濒临倒塌。而且该幢建筑并不是单一产权,而是归属兄弟二人、两户人家,但是两家都没有经济能力对其进行修缮和维护。外来投资者通过与两户

(a) 修缮后的传统建筑　　　　　　　　　(b) 修缮后的庭院

图 5.26　碧山村某乡村客栈

(来源：作者拍摄)

(a) 咖啡馆　　　　　　　　　　　　　(b) 酒吧

图 5.27　碧山村咖啡馆和酒吧

(资料来源：作者拍摄)

村民协商,签订了长达15年租期的租赁合同,由外来投资者出资进行传统建筑的修缮,并每年给两户村民支付租金,之后由外来投资者在此经营民宿。

> 我当时来看这个老房子的时候,里面凌乱不堪,木构架、地面、墙面、门窗都损毁严重。我就想把它好好修缮一下,我自己从城市来到这里,希望换一种生活方式,一边经营民宿,一边在此生活。我修缮这个传统建筑前后花了几十万元,经营民宿大概5—6年就可以收回成本。(访谈08)

黄村中的晚清著名篆刻家、书画家黄士陵的故居,2008年被列为市级文物保护单位,但是由于缺乏保护资金,一直未得到修缮。该建筑始建于清代,为砖木结构的二层住宅,建筑格局为四合屋,至今保存较为完整。该建筑正厅后紧连的一幢建筑为其子黄石于民国年间建造,与故居浑然一体,楼上楼下都有门相通。目前黟县政府已利用中国传统村落保护专项资金将其进行修缮,并计划将其打造为黄士陵篆刻博物馆(图 5.28)。

(a) 黄士陵故居天井　　　　　　　　　(b) 黄士陵故居后厅

图 5.28　黄村中即将成为博物馆的黄士陵故居

(来源:作者拍摄)

5.3.4　政策保障:规范引导,产业扶持

1) 引导传统建筑产权流转规范化

皖南传统村落中有相当一部分村民由于没有经济能力维修其私有的传统建筑,这些传统建筑年久失修濒临倒塌。随着近年来传统建筑经济价值的提升,村民出于经济利益的驱使将自己私有的传统建筑私下卖给有能力维修的买主。被出售的大多是濒临倒塌、村民没有经济能力对其进行修缮的古民居,买主一般是外地投资者。但是该建筑所在的土地是农村集体土地,按照《中华人民共和国土地管理法》(以下简称《土地管理法》),集体土地宅基地的使用权只归本村村民所有。所以私有传统建筑的买卖方一般只是私下签协议,产权并没有变更。交易之后很长一段时间买方都不会对其进行修缮,村两委对此采取默认态度,政府对交易行为也并不知晓。私下出售的传统建筑的修缮报批也存在法律程序上的问题,如果买主申请修缮不符合法律法规,而已经将传统建筑卖出的原户主实际上也不再是负责修缮的主体。

> 出售古民居的意愿是否强烈取决于村民家庭实际的经济状况,有一定经济能力的村民一般不会选择卖房。近几年传统村落里已经出售的古民居,基本都是村民实在没有经济能力修缮,再不出售就倒塌了彻底不值钱了,及时出售还能卖上一些价钱的。(访谈 07)
> 像我们村这个老房子,一修起来至少要 50 万—60 万元,村民根本修不起,所以有些人想卖掉。外来的购房者一修就会花费 100 万—200 万元,会修得更好。目前房子私下买卖也不能过户,如果允许过户,可能交易还会活跃一

些。现在买卖房子都是私下协议,村里帮忙证明一下。虽然这个证明没有任何法律意义,但是我也管不了,我只是帮忙证明这个事实。(访谈06)

在这一背景下,黟县政府开始在未列入文物保护单位和历史文化名村的传统村落中尝试进行私有传统建筑的产权流转,通过"报名登记、严格审核→勘察界定、组件报批→房产测绘、价值评估→报备方案、挂牌出让"程序实现了产权流转的试点。具体步骤为:①黟县政府通过摸底确立了近40幢已经私下买卖并且修缮完成的私有传统建筑作为可能的试点对象,并发动购买户报名登记;②对首批参与试点的私有传统建筑(共有28户38幢)进行审核把关,确保其产权清晰;③黟县政府对符合流转条件的私有传统建筑的地块进行实地勘察和测绘,并对符合土地利用总体规划的古民居进行组件,报安徽省国土厅批准征收;④黟县政府聘请房地产评估公司对私有传统建筑进行价值评估,根据公司评估结果,组织县政府相关部门对其进行综合评审,最终确定房屋价值;⑤政府要求摘牌户在提供由具有文物保护工程资质企业编制且经县遗产办(文物局)会同有关单位审核通过的保护维修工程设计方案后,报名参加摘牌。

目前,这一政策是对私有传统建筑私下交易的规范,是对应其保护资金缺乏的一种尝试和探索,目前仍然在试点阶段,尚存在一定的争议。一部分赞同者认为通过产权流转能使大批社会资金投向私有传统建筑的修缮,皖南传统村落中大批私有传统建筑年久失修、濒临倒塌的局面将会得到有效的缓解。而另一部分反对者则认为私有传统建筑产权流转政策的放开,会产生大批的失地农民,这可能会在未来造成一定的社会问题。

> 为什么黟县去年开始尝试古民居流转呢?就是想把产权卖给外地人,外地人得到产权之后就可以投入大批量的保护资金进行维修,外地人也带不走老房子,只能更好地维修好利用好。靠老百姓的维修是很难的,村落中很多老房子倒塌腐烂,国家资金毕竟是有限的。(访谈16)

> 古民居产权流转目前只是试点,土地性质改变之后才能挂牌出售,政府将古民居的宅基地统一收储后到省国土厅审批转为国有土地,之后出售拍卖流转。现在上面控制得很严,像这种在城市规划区范围之外的地方,去省国土厅审批也是很困难的,主要是怕这样一来失地农民太多了,下一辈的农民就没有土地了,对农民来说损失太大了。个人觉得不值得推广,如果全部古民居产权流转的话,以后社会问题很大,而且古民居很多,一旦购买可能整个村庄都没了。(访谈10)

2) 扶持文化创意旅游新业态进驻

皖南传统村落普遍存在旅游开发深度不足的问题,目前观光旅游仍是皖南传统村落的主要旅游产品,文化旅游产业链较短,旅游产品形式单一、水平低下、特色不强。所以,黄山市和黟县政府希望通过"百村千幢"工程等政策的实施,扶持以徽文化为主体的文化旅游产业项目进驻传统村落,将皖南传统村落的文化资源进一步转化为旅游资源。不同皖南传统村落结合自身实际和特色,试图在观光旅游之外,引入社会资本打造徽州民俗民风体验型、徽州民间传统技艺考察型、休闲养生度假型、农事体验型、写生摄影型等多种文化旅游新业态。在这一过程中,皖南传统村落中的传统建筑经过社会力量参与和社会资本投入进行修缮后,被改造为艺术展馆、乡村客栈、农家书屋等多元文化空间。如碧山村就通过碧山文化创意基地项目的扶持引入了碧山书局、咖啡馆、酒吧、乡村客栈等一系列的文化创意旅游业态。

6 皖南传统村落保护机制的问题分析及优化建议

6.1 皖南传统村落保护机制的问题分析

6.1.1 参与机制：管理权责混乱，村民参与有限

1）管理主体权责关系混乱

皖南传统村落分属三个不同的保护管理体系——"文物保护单位""历史文化名村"和"传统村落"，由于管理依据不同，管理部门各异，管理内容交叉，不少皖南传统村落既是"文物保护单位"，又是"历史文化名村"，也是"传统村落"，于是在实际管理工作中就出现了多头管理、职能交叉、顾此失彼的现象（图6.1）。

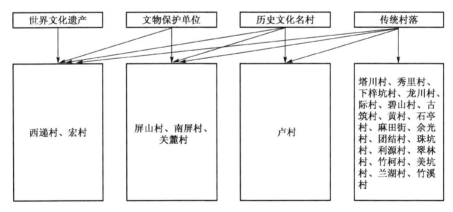

图6.1 黟县25个传统村落的保护等级

住建部门、规划部门和文物部门在皖南传统村落保护管理中存在职能交叉和缺位现象。一些传统村落既是"历史文化名村"，又是古建筑群型文物保护单位，根据《历史文化名城名镇名村保护条例》，需要对其按照"文物保护单位"制度进行管理，于是就出现这样一种现象：所有其核心保护范围内的建设活动，除了新建、扩建

和拆建活动有规划管理部门参与，其他的建筑修缮活动均由文物行政部门负责，但是由于文物行政部门并不擅长对传统村落空间格局和传统风貌的整体管控，所以就造成了"以维修名义的拆建"破坏传统风貌的现象的出现。而"传统村落"保护管理中住建部门处于完全主导地位，管理内容侧重基础设施建设、传统建筑修缮和村落环境整治等，规划部门和文物部门在管理中基本上处于缺位的状态。

以黟县为例，目前全县共有6个"中国历史文化名村"，其中有5个以"古建筑群"的形式被列入了全国、省、市文物保护单位，但是申报时"古建筑群"范围较为模糊，并没有一个确切的清单，保护范围也无法像一般的建筑单体类文物保护单位明确的划定，仅有国有或集体的文物建筑被默认为是"古建筑群"的保护范围。但是在实际的管理中，这5个传统村落的管理，除了新建、扩建和拆建活动有县规划局参与，其他的建筑修缮活动均由县遗产办（文物局）负责，村民以维修名义对私有传统建筑改建的现象层出不穷，对传统风貌造成了一定程度的影响。而黟县除了"文物保护单位"和"历史文化名村"以外的19个"中国传统村落"的保护管理目前由县住建委全面负责，囿于住建委工作人员的专业限制，其管理内容侧重传统村落规划区内的基础设施建设、传统建筑修缮和村落环境整治等，仅涉及文物建筑的有县遗产办（文物局）共同参与，县规划局几乎不参与传统村落的保护管理。

> 黟县的传统村落保护管理工作是从世界文化遗产西递村、宏村的保护管理开始的，关于政府部门对传统村落的管理体制也一直在摸索。2006年成立了黟县世界文化遗产管理办公室，规划局和文物局合署办公，2014年规划局又从遗产办分离出来。严格意义上说，遗产办的管理重点应该是遗产地和名村，但是现在遗产办挂文物局的牌子，管理重点主要是文物建筑维修，弱化了对遗产地和名村整体风貌的管理。目前一般来说，拆建需要经过规划局审批，但是现在存在不少以维修为名义的拆建，规划局却无法进行管理。文物部门在管理过程中对传统村落整体风貌的把控并没有专业优势，对于传统风貌的控制很难。（访谈15）

> 对于传统村落保护，目前部门职能确实存在交叉，住建委主导实施保护管理的中国传统村落本身数量较多、文物数量更多，我们作为基层的保护管理人员也很疑惑，它的保护管理到底是住建范畴还是文物范畴？目前文物部门参与的也很少，只有涉及传统村落内部被列入各级文保单位的才会参与管理。（访谈17）

皖南传统村落的保护管理需要不同层级政府部门的配合，其最主要、最直接的政府管理部门是其所在地县政府和乡镇政府。县级政府负责、乡镇政府的有效配合极为重要。一般情况下，县级政府负责传统村落保护规划的编制、各类建设活动的监管审批，而乡镇政府则负责具体的修缮和建设工程项目的实施。但是皖南传统村落所在的县、镇两级政府之间出现了配合低效的问题，县级政府职能部门是"管得到的看不见"，乡镇政府则是"看得见的管不到"。如黟县政府对传统村落中新建建筑建设和传统建筑修缮等建设活动通过一系列的建设审批程序来进行严格的管控。若村民需要进行新建建筑的申请,首先需要村委会研究同意后在村里公示,之后由镇政府国土所和分管城建的部门审核,同意后报到县政府相关职能部门,全部通过了才可以进行建设。其他的程序往往能较快地完成,由于县级政府需要管理的事务过多,其规划、文物和国土部门对于新建建筑半年才能进行一次现场查看和集中审批,管理效率相对低下。

> 传统村落保护基本上都是地方政府在管理,大型综合保护项目的实施县里的遗产办、住建委、规划局等部门会出面,一般的保护项目镇政府管理得较多。保护项目需要镇政府和县规划局、住建委、遗产办等部门去对接。比如县遗产办向国家文物局、省文物局申报保护项目,申报成功之后,是以碧阳镇作为业主单位去实施这个项目。(访谈13)

> 黟县对于中国传统村落保护项目的实施是这样做的,县住建委负责牵头,县财政局负责资金拨付,县环保局负责环保项目把关,乡镇政府具体负责项目实施,村委会则是协助项目实施。保护项目的确定是由村里面提初步意见,然后乡镇审核,报县里部门审核,一级级审核,看是否符合国家规定的中国传统村落项目库。(访谈17)

2)村民参与保护层次较低

皖南传统村落的大部分村民已经形成了保护传统村落的文化自信和文化自觉。黟县25个传统村落的问卷调查结果显示,被列入"中国传统村落"名录的村民,大部分对所住传统村落的历史文化价值和社会价值已经有了一定的认知,对居住在皖南传统村落有很强的自豪感和归属感。而且绝大部分村民对传统建筑也已经有了较强的保护意识,认为传统建筑应当原封不动保存或局部改造,只有极少部分村民希望将传统建筑以拆旧建新的方式改善自己的居住条件。不仅如此,在对传统村落保护主体的认知中,村民在认同传统村落需要全社会共同保护的基础上,已经认为自己与政府都是其中最重要的保护主体之一。可以说,村民对于参与传统村落保护已经具备了一定的思想基础。

但是村民目前仍然缺乏参与保护的渠道和机会。目前皖南传统村落保护的诸多环节,包括申报评定、规划编制和实施、保护项目申报和实施等,村民的参与都仅仅停留在"配合"这一参与层次上,并未真正参与决策和实施。村民并未在传统村落的遗产价值认知、保护与发展的决策、保护项目的申报和实施、利益相关者的利益分配等方面提出自己的看法、表达自己的诉求、发挥实际的作用等。目前大部分皖南传统村落的这种"政府主导、村民配合"的"自上而下"的参与机制并未给村民提供参与的渠道和机会,甚至不少地方政府压根并没有意识到村民在传统村落保护方面应有的权利和对保护效果所起到的决定性作用。

6.1.2 空间策略：周边管控松散，建筑保护不力

1) 周边环境管控相对松散

皖南传统村落在规划制度、法规制度中对周边环境的管控都进行了强调。皖南传统村落不论被列为古建筑群文物保护单位、历史文化名村还是传统村落，根据《历史文化名城名镇名村街区保护规划编制审批办法》《传统村落保护发展规划编制基本要求（试行）》等规范性文件，都需要在保护规划中将传统村落的周边环境划定不同的保护范围，如建设控制区、环境协调区，并提出相应的建设控制要求和保护措施。而《历史文化名城名镇名村保护条例》还进一步将历史文化名村的保护区划及其控制要求法定化，提出在其建设控制区内的新建建（构）筑物都应符合保护规划确定的建设控制要求。

但是在保护实践中旅游发展较快的皖南传统村落的周边环境却仍然遭到一定程度的破坏，甚至全线突破保护规划的建设控制要求，周边环境与传统村落形成一定的冲突。如前文中所提到的世界文化遗产宏村，其周边的旅游地产建设项目已经几乎将宏村的建设控制区用地开发殆尽，对宏村周边的山水格局和整体风貌造成了较大的影响。而在中国历史文化名村卢村，周边占地面积与卢村几乎相同的旅游地产建设项目选址在卢村建设控制区与环境协调区之间，其建设在与卢村仅200米之隔的风水山上，破坏了卢村原有的视觉轴线，极大地影响了卢村原有的山水格局和整体风貌。这些案例都反映了皖南传统村落保护中对周边环境建设活动管控较为松散的现象。

2) 传统建筑保护面临困境

皖南传统村落中的传统建筑数量很多，但是目前仅有少部分国有或集体所有的、被列为国家或省级文物保护单位的公共传统建筑得到了较好的保护修缮，大部分传统建筑处于无力修缮、任其倒塌的状态。传统建筑修缮所需的费用巨大，动辄几十万元甚至上百万元，地方政府、村集体和村民都很难有经济能力进行修缮。而且这些传统建筑大部分并没有被列入法定的保护体系，如国家级或省级文物保护单位，甚至难以成为市县级文物保护单位，加上它们大多数为村民私有财产，各级政府所下拨的保护资金基本覆盖不到对这些传统建筑的保护。

> 目前我县传统村落中的大部分传统建筑主要是靠村民自发去修缮和维护，对于少数困难群众则通过危房改造资金去协助他们修缮。（访谈17）
> 黟县政府目前把所有的传统村落的老房子都做了登记，每栋房子建立了一个档案，建档之后列入县级文保单位，之后要求老百姓要按照规定维修。但是老百姓说政府又不能给予资金补助，凭什么要求我按照规定维修呢。（访谈13）

而且皖南传统村落中大批私有传统建筑混乱的产权关系也极大地影响了其维护和修缮。私有传统建筑经历了家族几代人的传承之后,产权共有人数量激增,一幢古民居甚至被几十个人共有产权。与产权数量激增相反的是,这些传统建筑时常出现空置甚至被废弃的现象,目前多为家族中的老年群体或弱势群体使用。这些传统建筑的实际使用人往往没有经济能力去进行传统建筑的日常维护和定期修缮。而且随着村民对传统建筑价值认识的提升,传统建筑的产权所有人既不愿意放弃本属于自己的产权,也没有能力去维护自己不完全拥有产权的传统建筑,这也变相增加了保护所需的交易成本,使传统建筑保护问题变得更为复杂。

> 现在村中的很多老房子一般都不是一个人所有的,一般一个老房子有几个到几十个屋主很正常,基本上都是这样一种情况,原来是一个祖爷爷的房子,分下来是几个子女,几个子女又分给十几个子女,一代代传下来。(访谈01)
>
> 这些产权关系混乱的传统建筑要想修缮好,只能过户,否则产权共有人意见不一致会影响修缮。政府目前也在进行引导村民把传统建筑的产权过户到一个人名下,这样修缮后也便于今后的管理。比如石亭村目前有200栋(私有传统建筑),大多是明末清初的,目前通过协调,理顺产权关系的也有30—40栋了。确实有些村民也不愿意过户,但是政府和村两委还是尽量去做工作。(访谈14)
>
> 只要能通过一种方式修缮这些传统建筑,其实也不一定要过户,政府和村两委也可以引导产权共有人通过签协议的方式,让有能力的产权所有人去修缮、投资、获利,传统建筑能得到保护也就行了。(访谈13)

6.1.3 政策保障:保护制度缺失,相关制度冲突

1) 传统村落专门法规缺失

目前国家层面与皖南传统村落保护相关的法律法规主要是《文物保护法》和《历史文化名城名镇名村保护条例》,"文物保护单位"和"历史文化名村"之外的大部分皖南传统村落及其传统建筑的保护并不在以上法律法规的保障范围内,目前国家层面仍没有传统村落保护的专门性法律法规出台,不能很好地约束和指导传统村落的保护管理工作。现阶段的传统村落保护管理主要是参照《历史文化名城名镇名村保护条例》,但是传统村落与历史文化名村并不是完全等同的概念,保护目标、保护范围和保护内容都不完全相同,所以对传统村落的保护管理缺乏针对性。而地方层面的《安徽省皖南古民居保护条例》《黄山市古村落保护利用暂行办法》《黄山市徽州古建筑保护利用暂行办法》虽然保护管理的覆盖面延伸至"文物保护单位"和"历史文化名村"之外的皖南传统村落及其传统建筑,但是大部分内容仍

然是对"文物保护单位"和"历史文化名村"在地方层面保护管理的强调和细化,对未列入法定保护体系的皖南传统村落仍然起不到保障作用,而且地方层面法规的效力远远低于国家层面的法律,在实际的保护管理中的作用有限,可操作性缺失。

2) 保护资金制度不完善

长期以来,中央、省政府对皖南传统村落保护下拨的保护资金主要针对被列为国家或省级文物保护单位、历史文化名村等的已经在国家和省层面被列为法定保护的对象。直到2012年之后"中国传统村落"保护项目的启动,一大批皖南传统村落在国家层面被列为行政保护的对象之后,才使得法定保护之外的传统村落获得了中央政府下拨的每个村300万元的保护资金。但是这个资金对于一个传统村落的保护来说也不过是杯水车薪。目前对于被列入"中国传统村落"的皖南传统村落的保护,除了中央财政的投入,安徽省、黄山市、宣城市都还没有相关专项资金支持,社会融资尚处于起步阶段,与传统村落中的传统建筑修缮、基础设施和公共服务设施改善所需要的保护资金额度差距仍然较大。

> 历史文化名村相对一般的传统村落更容易申报到资金,一般的传统村落很难申报到资金。唯一的就是去年中国传统村落保护项目下拨了300万元,包括环保项目和一事一议项目。一般的传统村落也只能做基础设施建设,资金还是远远不够的。(访谈13)

对于皖南传统村落中的传统建筑,目前仅有被列为国家或省级文物保护单位的、国有或集体所有的公共传统建筑才有很大可能申报到政府下拨的保护资金进行修缮,但是目前大部分传统建筑仅仅被列为县级文物保护单位,几乎获取不到任何文物保护资金。目前皖南传统村落的私有传统建筑的修缮资金极为缺乏,大部分村民都没有经济能力对其私有的传统建筑进行修缮,各级政府也没有财力修缮和维护大量的私有传统建筑。现有的保护资金制度对村民修缮私有传统建筑的补助非常有限,私有传统建筑修缮补助制度几乎处于缺失的状态。

> 传统村落里的古民居不少,但是上等级的不多,好多村落都没有国保和省保,只有县保,但是要争取资金必须是省保以上,县保几乎没有资金。像南屏村今年就有5—6栋古民居安排有保护资金,因为它是国保,有500万—600万元的资金。(访谈12)

> 关麓是市保单位,几乎没有保护资金。现在关麓有很多房子急需修缮,但是村民修不起,政府说不能拆,政府也没钱给他们修,就卡在这里。村民意见就很大,"我家的房子,拆不给拆,修不给修,只能住危房"。(访谈11)

> 老百姓按照政府的规定维修一栋老房子要花费几十万元,而目前最多的

也只能补助3 000—5 000元,还是太少。传统村落保护应该建立一套维修基金制度,通过各方面的渠道筹措到资金之后,老百姓私人维修的老房子,按照要求进行设计和维修的,政府应奖励30%—40%的资金。没有资金补助的情况下,强制老百姓按照政府的要求去做,老百姓是不会听的。(访谈14)

3)其他相关制度存在阻碍

现行的《土地管理法》规定:"农村村民一户只能拥有一处宅基地,其宅基地的面积不得超过省、自治区、直辖市规定的标准""农村村民建住宅,应当符合乡(镇)土地利用总体规划,并尽量使用原有的宅基地和村内空闲地""农村村民住宅用地,经乡(镇)人民政府审核,由县级人民政府批准""农村村民出卖、出租住房后,再申请宅基地的,不予批准"(第六十二条)。但是在传统村落的保护中,在其核心保护范围内,除了新建和扩建必要的基础设施和公共服务设施,不允许新建任何其他建设工程,这与前述的"农村村民建住宅……尽量使用原有的宅基地和村内空闲地"有一定的矛盾。而且这一制度也在客观上成为村民推倒传统建筑重新建设住宅以改善生活条件的推手。传统村落保护中常会以另建新村和新宅的方式去疏解原住村民,而村民所拥有的传统建筑已经占用该户原有的宅基地,按照《土地管理法》,如果该村民再申请宅基地是不予批准的,但是这个在实际管理过程中也很难实现。

不仅如此,《土地管理法》和《文物保护法》对私有传统建筑的产权流转也造成了制度障碍。目前传统村落中有很多濒临倒塌、村民没有经济能力进行修缮的私有传统建筑,村民就希望将其出售给有经济能力进行修缮的非本村居民,这导致了私有传统建筑买卖活动的盛行。但是目前依据《土地管理法》规定,传统村落的私有传统建筑所属的宅基地,属于农民集体所有,"农民集体所有的土地的使用权不得出让、转让或者出租用于非农业建设",所以传统村落的私有传统建筑是不允许出售给非本村居民的,如果有私有建筑需要出售,必须将其转变为国有土地。而《文物保护法》又规定:"国有不可移动文物不得转让、抵押。"《土地管理法》和《文物保护法》的制度障碍,使得传统村落中的私有建筑的产权无法进行合法流转,限制了有经济能力又喜爱传统建筑的非本村居民购买传统建筑的行为。

6.2 皖南传统村落保护机制的优化建议

6.2.1 利益相关者共同参与

1)政府积极主导

皖南传统村落保护纵向涉及中央、省、市、县、镇等各级政府,横向与政府规划管理部门、文物管理部门、土地管理部门、旅游管理部门等职能部门相关,政府是皖南传统村落保护最重要的责任和实施主体。政府主要通过三个方面对皖南传统村落的保护发挥主导作用。第一,通过宏观引导来干预传统村落的保护与发展。各级政府通过法规政策和保护规划等的制定,确立皖南传统村落保护的制度框架,并依据该框架引导和干预传统村落的保护与发展。第二,通过公共财政投入用于皖南传统村落中的传统建筑的维护修缮、基础设施和公共服务设施建设等。各级政府通过各类财政拨款来支撑皖南传统村落保护所需的资金。第三,通过行政手段控制传统村落的破坏性建设。

2) 多元主体参与

皖南传统村落保护需要在政府发挥主导作用的基础上,调动村两委、村民、旅游公司和民间组织等利益相关者的广泛参与,使他们在共同理解传统村落的遗产价值的基础上,形成保护与发展的愿景和目标,并就传统村落的遗产保护和社区发展的相关行动达成共识,所以应建立多元利益相关者参与保护的长效机制。除了政府需要发挥主导作用之外,村两委、村民、旅游公司和民间组织都应在保护中体现其应有的作用。村两委由村民选举出来的村民代表构成,在保护中既是政府保护管理的协助者,还在村民与其他利益主体之间的沟通中起到桥梁的作用。作为皖南传统村落的建造者和传承者,村民是保护最直接的利益相关者和保护行动实现的主体,是真正意义上的强有力的保护者。通过对保护过程的参与,村民可以深化其对村落遗产价值的认知,表达自身对保护行动的看法,与其他利益相关者共同协商决策,使得保护行动可以在村民的参与、配合和支持下得以顺利有序地开展。介入皖南传统村落旅游开发经营的旅游公司,是传统村落保护的重要协助者。旅游公司一方面通过传统村落的私有传统建筑修缮、村落环境维护、景区经营管理等协助政府进行保护管理,另一方面通过与村集体和村民共享遗产资源适度开发所带来的经济收益来促进社区发展以提高村民保护的积极性。而民间组织同样也是皖南传统村落保护重要的协助主体,它一方面通过对皖南传统村落相关保护知识和理念的宣传,提高村民的保护意识;另一方面通过组织公众参与调动更多的人参与到皖南传统村落的保护过程中。

皖南传统村落保护应建立利益相关者参与保护的长效协商机制,在保护全过程充分提供利益相关者主动表达看法和深入交流探讨的机会。比如地方政府在对将皖南传统村落纳入法定或行政保护体系进行申报时,需要征询利益相关者的意见,并对其进行动员;在编制传统村落保护规划时,需要利益相关者在共同理解传统村落的遗产价值的基础上,形成保护与发展的愿景和目标;在实施保护规划时,需要利益相关者就遗产保护和社区发展的相关行动达成共识。而且政府需就任何一项有争议的保护措施对其他利益相关者进行详细解释和论证,并就对传统村落保护提出的意见和建议采纳与不采纳的结果及理由对其他利益相关者予以说明,使得利益相关者都能在保护过程中充分表达自己的意愿和看法，在避免利益相关者之间出现矛盾的基础上实现互相理解、启发和监督。

6.2.2 分类选择差异化空间策略

根据前文的遗产价值评价结果，皖南传统村落被划分为遗产型村落、保护型村落、特色型村落和一般型村落 4 种类型，应按照这一类型划分选择不同的空间策略实行差异化保护。对于历史文化价值相对较高的遗产型和保护型村落，其周边环境与村落较和谐，空间形态保持良好，街巷格局较为完整，传统风貌较为协调，传统建筑保存基本完好，历史环境要素较为丰富，所以这类村落应通过保护其周边环境、空间格局、传统风貌、传统建筑和其他历史环境要素对其历史肌理进行全面、严格的保护。而对于历史文化价值相对较低的特色型和一般型村落，虽然其周边环境保持良好，但是其空间形态变化较多，仅保留了部分成片或零散格局及一定时期的风貌特色，传统建筑已经有一定程度的破坏，仅存留少数的历史环境要素，所以这类村落应在保护留存历史格局和传统风貌的基础上，通过对其文化特色的挖掘，在传统村落中构建多元文化空间，在对传统建筑进行修缮的同时，可以对其局部和内部进行改造，拓展使用功能和使用空间，以利用促保护。而对于社会价值相对较低的保护型和一般型村落，村落环境、村民住房条件、基础设施和公共服务设施都不能满足村民日常的生产生活需求，所以这类村落在以上基础上还需要整治村落环境，引导村民提升住房条件，改善基础设施和公共服务设施。

1) 遗产型、保护型村落着重保护历史肌理

为了维护皖南传统村落的历史文化价值，需要通过对其价值承载要素的保护去保护其历史肌理，主要包括对周边环境、空间格局和传统风貌、传统建筑和其他历史环境要素等的保护。皖南传统村落的周边环境主要是由风水山、风水林、河湖水系、乡土景观、自然生态等所构成的与传统村落密切相关的景观环境，通过保护规划将其划分为不同的保护范围，如建设控制区、环境协调区等，并提出相应的建设控制要求和保护措施，依据相关法律法规贯彻实施。皖南传统村落的空间格局主要以依山就势、以祠堂为中心、紧凑组团式布局、格网状街巷、人工水系贯穿等为主要特征，传统风貌主要以石板路、白粉墙、马头墙、小青瓦等为主要特征，通过保护规划将空间格局和传统风貌保留相对完整的地区划定为核心保护范围，并依托法律法规对核心保护范围的建设活动提出刚性控制要求，进而协调政府职能部门对其进行严格监管。皖南传统村落的传统建筑和历史环境要素主要是明清时期具有徽文化特色的古民居、古祠堂、古书院、古庙宇、古牌坊、古桥、古亭、古塔、古井、古树等，通过保护规划对传统建筑和其他历史环境要素分类提出保护整治要求和引导措施，并依托法规制度对其相关建设活动的审批主体和程序提出要求，确保其

按照前述要求,进行修缮、整治和改造,并为其提供一定的资金保障。

2)特色型和一般型村落着重构建多元空间

在保护皖南传统村落传统风貌的基础上,对未列入文物保护单位和历史文化名村的传统村落进行保护性利用,充分发挥皖南传统村落的原创性和不可复制性的文化资源优势,提炼其文化特色,构建多元文化空间,发展文化创意旅游类产业,如利用徽州历史遗迹、徽州民俗风情、风水山林格局、影视作品取景地发展文化体验型、乡村体验型、摄影绘画型、文化创意型传统村落等,从而创造经济效益,增加村民收入,以利用推动保护。对未列入文物保护单位的传统建筑进行修缮的同时,可以对其局部和内部进行改造,拓展使用功能和使用空间,如徽文化相关的专题博物馆、艺术馆、纪念馆,传统手工作坊,民俗客栈等,但是传统建筑的改造形式、高度、体量、色调都应与传统风貌相协调。

6.2.3　合理运用多样化制度政策

1)制定专门法规制度

结合我国已有的历史文化遗产保护的法律体系,制定与皖南传统村落保护相关的地方性法规,推进皖南传统村落保护要求的法制化。各级政府尽快制定皖南传统村落保护专门性行政法规,如《皖南传统村落保护条例》等,制定强制性保护要求,明确政府、村民等保护管理实施主体的责任和义务。依据皖南传统村落的遗产价值和价值承载要素,制定出台《皖南传统村落保护规划的编制要求》《皖南传统村落古民居改造修缮技术导则》等相关规范制度。

2)严格实施建设管控

通过皖南传统村落保护档案、动态监控体系的建立以及保护督察员的派驻严格实施建设管控。依据国家和省级传统村落申报时的历史文化遗存情况以及传统村落保护规划的有关内容,对传统村落的村域环境、传统建筑、村落选址及格局、历史环境要素、非物质文化遗产、文献资料、保护发展基础资料等内容进行现场调查和资料整理,以文字、图纸和照片等多种形式建立皖南传统村落档案,为将来的建设管控提供参照。及时将纳入保护体系的皖南传统村落作为监控对象,以长期从事传统村落保护与发展研究的专业性机构作为监测主体,对村落的不同保护层次开展传统村落保护的动态监测,实时了解其变动的趋向,以便为持续建设管控提供历史遗存保护状况和保护规划实施情况的实时变化数据。安徽省住建厅和文物局应向皖南传统村落所在的镇、县派驻保护督察员,明确保护督察员在皖南传统村落的申报考察、保护规划的编制和审查、濒危名录确定、保护状况评估、监督检查、宣传培训、传统村落保护范围内建设工程监督的各自责任和作用,对皖南传统村落的建设性破坏行为直接起到震慑作用(王军,夏健,2016)。

3) 多方拓展融资渠道

皖南传统村落所在的安徽省政府、黄山市政府和宣城市政府以及下属各区县应该在每年的财政预算上拨出资金以设立皖南传统村落保护专项资金,并在保护资金缺口较大的年限,根据实际情况加大公共财政投入力度。通过政府公共财政投入、旅游收益提取等途径筹集资金保障传统建筑的修缮,尤其需要对自主保护私有传统建筑的村民按其所修缮的传统建筑的遗产价值、建筑面积、建筑风貌、修缮质量等因素按修缮花费资金的比例给予补助,以提高村民保护私有传统建筑的积极性和行动力。在传统建筑所有人同意的前提下,鼓励和支持村民将修缮后的私有传统建筑打造成为乡村客栈等形式参与到村落旅游业发展中,使村民共享遗产保护所带来的收益。皖南传统村落保护涉及基础设施和公共服务设施改善、传统建筑修缮、非物质文化遗产保护等多方面的内容,需要大量的保护资金投入,单靠政府或村民的财力物力难以保障,必须建立社会资金参与保护的长效机制。通过传统村落旅游经营权转让、古民居租赁、周边适当开发等方式,导入社会资金对传统村落的基础设施和公共服务设施进行修建,对传统建筑进行修缮,并借助外来投资者的运营能力促进传统村落的旅游业发展。

4) 适度突破制度藩篱

制定相关政策打破现行的《土地管理法》和《文物保护法》等对传统村落保护所形成的制度藩篱。第一,针对传统村落制定相对宽松的建设用地政策。为了更好地保护传统村落的整体格局、传统风貌和传统建筑,会采取建设新村的方式适度疏解传统村落中的部分村民,所以应该按照传统村落原始规模的大小和传统建筑遗存的多少,允许传统村落占用建设控制地带之外的部分农田作为传统村落扩充建设用地,同时要求因为特殊的建设用地政策而促成的土地开发收益必须用于传统村落保护。第二,对传统村落的宅基地政策进行适当的调整。对于遗产价值较高的传统建筑,对拥有它的村民实行"一户两宅"的政策,村民可以在传统村落周边指定的新村范围内申请一处新的宅基地建设新宅,原来的传统建筑依然归村民所有,该村民有义务对其拥有的传统建筑进行修缮和维护。第三,适当放开私有传统建筑的产权流转。对那些遗产价值较高、濒临倒塌、村民无经济能力维修、已经私下买卖的私有传统建筑,地方政府通过转变其土地性质引导其产权流转,但是买家必须按照相关要求对传统建筑进行修缮和维护。

7 结语

1) 传统村落保护应以遗产价值维护为目标,以真实性、完整性和可持续性为原则,关注其空间环境、社会经济发展的变化,并且综合运用公众参与、法规、规划、资金和监管等制度手段建立协调传统村落保护与发展的长效机制

传统村落的遗产价值是遗产价值导向的传统村落保护的理论框架的核心内容和目标所在。纵观不同学者和组织对遗产价值已有的分类,主要是基于历史文化角度的社会文化价值和基于经济角度的经济价值。结合不同学者和组织对遗产价值的分类,以及已有学者对传统村落遗产价值的分类,本文认为应该从历史和文化的角度分析传统村落遗产价值,主要包括历史文化价值和社会价值。传统村落的历史文化价值主要有:①传统村落见证着特定地域乡村聚落的形成和演变;②传统村落记录着不同时期且具有典型地域特色的传统建筑文化;③传统村落传承着具有典型地域文化精髓的非物质文化遗产。传统村落的社会价值主要有:①传统村落承载着农村的生产生活;②传统村落维系着村民的精神家园。

真实性、完整性和可持续性是传统村落保护的基本原则和核心要求。真实性、完整性和可持续性原则下的传统村落保护,是在专家、政府、村民等传统村落的利益相关者对其遗产价值进行理性分析和价值判断的基础上,着重维护传统村落历史文化价值承载要素的"真实"和提升"社会价值"承载要素的"意义"。

传统村落既是文化遗产,又是乡村聚落,也是农村社区。为了使传统村落的遗产保护与其社会经济发展和谐地结合,除了以往的将空间环境作为关注重点以外,应将传统村落的功能用途、社会经济发展持续变化也作为关注重点,并试图去理解和管理。

围绕遗产价值的维护而展开的传统村落保护,应综合运用公众参与、法规制度、规划制度、资金制度、监管制度等工具建立协调传统村落的保护与发展的机制。

2) 皖南传统村落的遗产价值主要在于:见证着古徽州地区乡村聚落的形成和演变,记录着具有徽文化特色的传统建筑,传承着具有徽文化精髓的非物质文化遗产;承载着皖南山区农村的生产生活,维系着皖南山区村民的精神家园

皖南传统村落的历史文化价值如下:①见证着古徽州地区乡村聚落的形成和演变。其选址和布局深受风水文化的影响,其发展和演进深受宗族文化的影响,其鼎盛和衰落深受徽商文化的影响,其社会、经济、文化发展深受新安理学的影响。②记录着具有徽文化特色的传统建筑。皖南传统村落集中了众多的徽派传统建

(构)筑物,它们承载着我国明清时期古徽州地区社会、经济、文化发展丰富的历史信息。③传承着具有徽文化精髓的非物质文化遗产。皖南传统村落作为新安理学的发祥地,至今仍保存了大量丰富的非物质文化遗产。皖南传统村落的社会价值如下:①承载着皖南山区农村的生产生活。皖南传统村落是皖南山区农民世世代代生产生活的场所,至今仍然以农业人口居住和从事农业生产为主。②维系着皖南山区村民的精神家园。皖南传统村落是基于血缘和地缘关系自然形成的农村社区,村民对其有着强烈的社区认同和地方依恋。

3) 根据遗产价值评价结果,皖南传统村落被划分为 4 种不同类型——遗产型、保护型、特色型和一般型村落,其各具特色

遗产型传统村落的特点是历史文化价值和社会价值都相对高,它们在"空间格局""传统风貌""传统建筑""视觉轴线""非物质文化遗产""村落环境""社区认同"指标上得分较高,但是在"周边环境""基础设施""公共服务设施"指标上得分较低,体现了历史遗存较多,空间格局和传统风貌完整,保护等级较高,在过去的保护中也已经取得了不小的成效。另外,这也说明在其快速发展过程中对周边环境管控的不足,以及对基础设施和公共服务设施的改善仍然不够。

保护型传统村落的特点是历史文化价值相对高、社会价值相对低,它们在"周边环境""空间格局""传统风貌""屋顶景观"指标上得分较高,在"传统建筑""非物质文化遗产""住房条件""基础设施""公共服务设施""社区认同""地方依恋"指标上得分较低,说明这些传统村落历史遗存规模尚可,总体风貌保持较好,但是传统建筑质量偏低,对非物质文化遗产的挖掘还不够。同时,这些传统村落的生产生活条件都远不能满足村民的需求,亟待进行社会价值的提升。

特色型传统村落的特点是社会价值相对高、历史文化价值相对低,它们在"社会认同"和"地方依恋"指标上得分较高,说明村民对村落的认同感和归属感极为强烈。在"周边环境""村落环境""住房条件"指标上得分尚可,"基础设施"和"公共服务设施"指标得分不高,说明其生产生活条件在一定程度上满足了村民的需求,但是仍有较大的提升空间。值得注意的是,这些村落在"空间格局""传统风貌""传统建筑"指标上的得分与遗产型和保护型传统村落的得分有一定的差距,说明其历史遗存规模较小,传统风貌有一定的丧失,传统建筑有一定的破坏,但是在保护中通过有效的整治有可能会有较大的提升。

一般型传统村落的特点是历史文化价值和社会价值都相对低,它们在历史文化价值的各项指标上的得分与遗产型、保护型传统村落差距较大,在社会价值的各项指标上的得分与特色型传统村落差距也较大。这些传统村落仅保留了部分点状历史文化资源,传统风貌在很大程度上已经丧失,传统建筑规模较小,保护难度很大。而且其基础设施和公共服务设施严重缺乏,完全不能满足村民的生产生活需求,基础设施和公共服务设施亟待改善。尽管如此,村民对于这些传统村落仍有一定的认同感和归属感。

4) 对不同类型的皖南传统村落采取不同的保护机制

遗产型村落西递村、宏村已经形成了相对成熟的保护机制。参与机制上,已经

建立了由县世界文化遗产管理委员会,县世界文化遗产管理办公室,县政府各相关职能部门,西递镇、宏村镇政府,西递村、宏村村两委,旅游公司,民间组织构成的保护管理网络。政府通过旅游收益分红与私有传统建筑日常维护直接挂钩提高村民保护意识的同时,引导村民参与旅游开发、共享发展红利促进村民主动自觉保护。空间策略上,主要通过对其周边环境、空间格局、传统风貌的保护,传统建筑、历史环境要素的修缮,全面、有效地保护历史肌理。政策保障上,主要是地方政府对传统建筑修缮的严格管控,各级政府大量的公共财政投入支撑村落保护,其旅游开发收益为西递、宏村提供了直接的保护资金支持。

保护型村落南屏村的保护,参与机制上,在旅游公司缺位和民间组织未成立的情况下,一直由政府通过公共财政投入和行政控制手段来发挥主导作用,村两委和村民则是配合政府进行保护规划的编制、保护项目的实施,少部分经济条件较好的村民会主动进行私有传统建筑的修缮。空间策略上,主要是对其周边环境、空间格局、传统风貌的保护,以及少数传统建筑、历史环境要素的修缮,保护历史肌理。另外,还会通过对景观节点的维修和恢复提升和彰显其历史文化价值。政策保障上,主要是地方政府对建设性破坏的强制性管控和引入旅游公司投资经营,但是实施效果不尽如人意。

特色型村落碧山村和一般型村落黄村,参与机制上,政府主要对其保护与发展进行宏观引导和干预,并且广泛动员社会力量和资金参与到保护中,达到共同推进的目的。空间策略上,主要在关注传统风貌保护的基础上,通过基础设施改善和村落环境整治,吸引社会资本进行传统村落乡村旅游的开发,拓展传统建筑的使用功能,在村落中营造多元文化空间,从而实现传统村落和传统建筑的保护性利用。政策保障上,主要是地方政府开始尝试引导私有传统建筑产权流转的规范化以及对文化旅游新业态进驻传统村落的扶持。

5) 皖南传统村落应该从利益相关者共同参与、分类选择差异化空间策略、合理运用多样化制度政策三个方面优化现有的保护机制

皖南传统村落保护需要在政府发挥主导作用的基础上,调动村两委、村民、旅游公司和民间组织等利益相关者的广泛参与,使他们在共同理解传统村落的遗产价值的基础上,形成保护与发展的愿景和目标,并就传统村落的遗产保护和社区发展的相关行动达成共识。

根据前述遗产价值评价结果,皖南传统村落被划分为遗产型村落、保护型村落、特色型村落和一般型村落4种类型,应按照这一类型划分选择不同的空间策略实行差异化保护。其中,遗产型和保护型村落着重保护历史文化肌理,特色型和一般型村落着重构建多元空间,保护型和一般型村落在以上基础上还需要整治村落环境,引导村民提升住房条件,改善基础设施和公共服务设施。

针对皖南传统村落保护中所出现的已有的问题,地方政府应从法规制度、规划制度、资金制度和监管制度等方面出台较为多样的政策制度,对于一种类型或单个村落的保护需要根据实际情况对其进行合理运用。

参考文献

边宝莲,王晶,2013.健全历史文化名城名镇名村保护监管体系[J].城市发展研究,20(2):I0017-I0019.

陈爱宣,2008.古村落旅游公司利益相关者共同治理模式研究[D].厦门:厦门大学.

陈安生,汪炜,2007.中国皖南古村落黄山市千村保护与发展研究报告[J].黄山学院学报,9(4):4-20.

陈麦池,黄成林,2012.古村落旅游地综合性系统保护与开发研究[J].中国名城(12):67-72.

陈同滨,2008.《历史文化名城名镇名村保护条例》强调整体保护理念,重视保护规划的作用[J].城乡建设(6):54.

陈伟,2000.徽州古民居(村落)的风水观[J].华中建筑(2):123-126.

陈伟,2000.徽州乡土建筑和传统聚落的形成、发展与演变[J].华中建筑,18(3):126-127.

陈晓东,2004.黟县西递村外部空间构成与解析[D].南京:东南大学.

陈耀华,刘强,2012.中国自然文化遗产的价值体系及保护利用[J].地理研究,31(6):1111-1120.

仇保兴,2014.风雨如磐——历史文化名城保护30年[M].北京:中国建筑工业出版社.

单霁翔,2008.乡土建筑遗产保护理念与方法研究:上[J].城市规划(12):33-39.

邓琪,2013.京西传统村落的整体保护与规划实施述略[J].北京规划建设,(3):82-89.

董卫,2005.一座传统村落的前世今生——新技术、保护概念与乐清南阁村保护规划的关联性[J].建筑师(3):94-99.

方冉,2007.19世纪风格性修复理论以及对当代中国历史建筑保护的再认识[D].上海:同济大学.

冯骥才,2014.保护传统村落是"惊天"行动[J].新城乡(9):32-33.

冯骥才,2013.传统村落的困境与出路——兼谈传统村落是另一类文化遗产[J].民间文化论坛(1):7-12.

冯骥才,2011.亟须加强对古村落文化的保护[J].农村工作通讯(9):34.

冯骥才,2006.文化遗产日的意义[N].光明日报,2006-06-15.

冯骥才,周立民,2003.全球化语境中的本土化困境[J].作家(6):7-21.

郭美锋,2008.理坑古村落人居环境研究[M].北京:气象出版社.

何峰,2012.湘南汉族传统村落空间形态演变机制与适应性研究[D].长沙:湖南大学.

胡如城,1987.楠溪江风景名胜区人文资源的评估和开发[J].浙江农林大学学报(2):65-68.

胡杏云,2005.传统古村落的保护与发展——以宁波余姚柿林村为例[J].宁波大学学报(理工版)(4):500-505.

胡燕,陈晟,曹玮,等,2014.传统村落的概念和文化内涵[J].城市发展研究(1):10-13.

黄成林,2000.徽州文化景观初步研究[J].地理研究,19(3):257-263.

黄家平,2014.历史文化村镇保护规划技术研究[D].广州:华南理工大学.

黄家平,肖大威,贺大东,等,2011.历史文化村镇保护规划基础数据指标体系研究[J].城市规划学刊(6):104-108.

江春雪,2016.试论徽商对徽州古村落的影响[J].经济研究导刊(4):169-170.

揭鸣浩,2006.世界文化遗产宏村古村落空间解析[D].南京:东南大学.

邹艳丽,2016.传统村落保护与更新——我国传统村落保护制度的反思与创新[J].现代城市研究,31(1):1-9.

李德明,程久苗,2005.乡村旅游与农村经济互动持续发展模式与对策探析[J].人文地理,20(3):84-87.

李凡,金忠民,2002.旅游对皖南古村落影响的比较研究——以西递、宏村和南屏为例[J].人文地理,17(5):17-20.

李婧,2011.翠亨历史文化名村保护规划的实施评价研究[D].广州:华南理工大学.

李霞,2003.论新安理学的形成、演变及其阶段性特征[J].中国哲学史(1):95-102.

刘伯山,2002.徽州文化的基本概念及历史地位[J].安徽大学学报(哲学社会科学版),26(6):28-33.

刘春腊,刘沛林,2011.北京山区沟域经济建设背景下的古村落保护与开发研究[J].经济地理,31(11):1923-1929.

刘大均,胡静,陈君子,等,2014.中国传统村落的空间分布格局研究[J].中国人口·资源与环境,24(4):157-162.

刘慧洁,2014.基于利益主体理论的古村落旅游开发模式比较——以西递、宏村为例[J].经济研究导刊(31):236-237.

刘渌璐,2014.广府地区传统村落保护规划编制及其实施研究[D].广州:华南理工大学.

刘沛林,1995.风水:中国人的环境观[M].上海:上海三联书店.

卢松,张捷,2009.试论旅游地居民感知的研究体系及其对古村落旅游发展的启示[J].安徽师范大学学报(自然科学版),32(2):178-183.

陆林,凌善金,焦华富,等,2004a.徽州古村落的演化过程及其机理[J].地理研究,23(5):686-694.

陆林,凌善金,焦华富,等,2004b.徽州古村落的景观特征及机理研究[J].地理科学,21(6):660-665.

罗长海,彭震伟,2010.中国传统古村落保护与发展的机制探析[J].上海城市规划(1):37-41.

任栋,2012.历史文化村镇保护规划评估研究[D].广州:华南理工大学.

阮仪三,林林,2003.文化遗产保护的原真性原则[J].同济大学学报(社会科学版),14(2):1-5.

萨尔瓦多·穆尼奥斯·比尼亚斯,2012.当代保护理论[M].上海:同济大学出版社.

邵甬,陈悦,2013.皖南古村落可持续旅游发展研究[J].上海城市规划(5):93-99.

邵甬,2011.华东地区历史文化村镇的特征及保护规划研究[J].城市规划学刊(5):102-110.

史晨暄,2008.世界遗产"突出的普遍价值"评价标准的演变[D].北京:清华大学.

屠李,张超荣,赵鹏军,2015.走向可持续性保护——城市遗产保护的理论演进与规划响应[C]//贵阳:2015中国城市规划年会.

屠李,赵鹏军,张超荣,2016.试论传统村落保护的理论基础[J].城市发展研究,23(10):118-124.

王景慧,2004.城市历史文化遗产保护的政策与规划[J].城市规划,28(10):68-73.

王军,夏健,2016.传统村落保护的动态监控体系建构研究[J].城市发展研究,23(7):58-60.

王莉,陆林,王咏,等,2006.古村落旅游地利益主体关系及影响研究——世界文化遗产地西递、宏村实证分析[J].资源开发与市场,22(3):276-279.

王韡,2006.黟县西递村落——非物质文化遗产与聚落空间的现代解读[J].安徽建筑(1):9-14.

王小明,2013.传统村落价值认定与整体性保护的实践和思考[J].西南民族大学学报(人文社会科学版),34(2):156-160.

王云才,郭焕成,杨丽,2006.北京市郊区传统村落价值评价及可持续利用模式探讨——以北京市门头沟区传统村落的调查研究为例[J].地理科学,26(6):735-742.

吴晓勤,陈安生,万国庆,2001.世界文化遗产——皖南古村落特色探讨[J].建筑学报(8):59-61.

吴晓勤,2002.世界文化遗产:皖南古村落规划保护方案保护方法研究[M].北京:中国建筑工业出版社.

吴尧,2010.建筑遗产保护整体性原则的重新解读[J].合肥工业大学学报(自然科学版),33(2):279-282.

吴宗友,2007.论徽州古村落的文化及学术价值[J].安徽大学学报(哲学社会科学版),31(3):43-47.

席丽莎,2013.基于人类聚居学理论的京西传统村落研究[D].天津:天津大学.

肖建莉,2012.历史文化名城制度30年背景下城市文化遗产管理的回顾与展望[J].城市规划学刊(5):111-118.

徐红罡,万小娟,范晓君,2012.从"原真性"实践反思中国遗产保护——以宏村为例[J].人文地理(1):107-112.

徐红罡,吴悦芳,彭丽娟,2010.古村落旅游地游线固化的路径依赖——世界遗产地西递、宏村实证分析[J].地理研究,29(7):1324-1334.

徐嵩龄,张晓明,章建刚,2003.文化遗产的保护与经营:中国实践的理论进展[M].北京:社科文献出版社.

薛宝琪,范红艳,2012.传统村落的遗产价值及其开发利用[J].农业考古(1):380-383.

闫小沛,张雪萍,2014.城镇化进程中的乡村文化转型:文化变迁与文化重构——基于物质文化、制度文化与精神文化层面[J].华中师范大学研究生学报(1):32-35.

杨锋梅,2014.基于保护与利用视角的山西传统村落空间结构及价值评价研究[D].西安:西北大学.

杨效忠,张捷,唐文跃,等,2008.古村落社区旅游参与度及影响因素——西递、宏村、南屏比较研究[J].地理科学,28(3):445-451.

姚邦藻,2000.徽州学概论[M].北京:中国社会科学出版社.

叶显恩,2005.徽州文化的定位及其发展大势——《徽州文化全书》总序[J].黄山学院学报,7(2):8-12.

尹超,姜劲松,2010.江苏省古村落保护与实施状况分析[J].小城镇建设(7):86-92.

尹超,朱怿然,姜劲松,2010.江苏省古村落保护与实施机制初探[J].小城镇建设(8):92-97.

尤嘎·尤基莱托,2011.建筑保护史[M].北京:中华书局.

约翰·罗斯金,2012.建筑的七盏明灯[M].谷意,译.济南:山东画报出版社.

臧丽娜,2005.明清徽州建筑艺术特点与审美特征研究[D].济南:山东大学.

张兵,2015.城乡历史文化聚落——文化遗产区域整体保护的新类型[J].城市规划学刊(6):5-11.

张大玉,2014.北京古村落空间解析及应用研究[D].天津:天津大学.

张泉,2014.GIS 技术在徽州古村落保护规划中的应用研究——以安徽省祁门县桃源历史文化名村保护规划为例[C]//2014(第九届)城市发展与规划大会论文集—S15 历史文化街区保护与更新.

赵华富,2004.徽州宗族研究[M].合肥:安徽大学出版社.

赵勇,张捷,李娜,等,2006.历史文化村镇保护评价体系及方法研究——以中国首批历史文化名镇(村)为例[J].地理科学(4):497-505.

赵勇,张捷,卢松,等,2008.历史文化村镇评价指标体系的再研究——以第二批中国历史文化名镇(名村)为例[J].建筑学报(3):64-69.

镇雪锋,2007.文化遗产的完整性与整体性保护方法[D].上海:同济大学.

周晓光,2001.新安理学与徽州宗族社会[J].安徽师范大学学报(人文社科版),29(1):26-31.

朱启臻,芦晓春,2011.论村落存在的价值[J].南京农业大学学报(社会科学版),11(1):7-12.

朱雪梅,2013.粤北传统村落形态及建筑特色研究[D].广州:华南理工大学.

Australia ICOMOS, 1981. The Australia ICOMOS Charter for the Conservation of Places of Cultural Significance (The Burra Charter)[M]. Paris: ICOMOS.

Bandarin F, van Oers R, 2012. The historic urban landscape: managing heritage in an urban century[M]. News York: John Wiley & Sons.

Bluestone D, 2000. Challenges for heritage conservation and the role of research on values[J]. Values and Heritage Conservation, 65.

Council of Europe, 1975. European charter of the architectural heritage[M]. Amsterdam: Council of Europe.

English Heritage, 2008. Conservation principles, policies and guidance for the sustainable management of the historic environment[M]. London: English Heritage.

English Heritage, 1997. Sustaining the historic environment: new perspectives on the future[M]. London: English Heritage.

Filippi F D, 2005. Sustainable "living" heritage conservation through community-based approaches[C]//Forum UNESCO University and Heritage 10th International Seminar "Cultural Landscapes in the 21st Century".

Fischer J, Hartel T, Kuemmerle T, 2012. Conservation policy in traditional farming landscapes[J]. Conservation Letters, 5(3):167-175.

Fisher D G, 2006. The potential for rural heritage tourism in the Clarence Valley of Northern New South Wales [J]. Australian Geographer, 37(3): 411-424.

Ford M, Kadi H E, Watson L, 1999. The relevance of GIS in the evaluation of vernacular architecture [J]. Journal of Architectural Conservation, 5(3): 64-75.

Foruzanmehr A, Marcel Vellinga, 2011. Vernacular architecture: questions of comfort and practicability[J]. Building Research & Information, 39(3): 274-285.

Frey B S, 1997. The evaluation of cultural heritage: some critical issues[M]//Hutter M, Rizzo I. Economic perspectives on cultural heritage. London: Palgrave Macmillan UK.

Fuentes J M, Gallego E, García A I, et al, 2010. New uses for old traditional farm buildings: the case of the underground wine cellars in Spain[J]. Land Use Policy, 27(3): 738-748.

ICOMOS, 1999. Charter on the built bernacular heritage[M]. Paris: ICOMOS.

ICOMOS, 1964. International charter for the tonservation and restoration of monuments and sites(The Venice Charter)[M]. Paris: ICOMOS.

ICOMOS, 1931. The Athens Charter for the restoration of historic monuments[M]. Paris: ICOMOS.

ICOMOS, 2005. Xi'an declaration on the conservation of the setting of heritage structures, sites and areas[M]. Paris: ICOMOS.

Kastenholz E, Carneiro M J, Marques C P, et al, 2012. Understanding and managing the rural tourism experience — the case of a historical village in Portugal[J]. Tourism Management Perspectives, 4(4): 207-214.

Kim S S, Wong K K F, Cho M, 2007. Assessing the economic value of a world heritage site and willingness-to-pay determinants: a case of Changdeok Palace[J]. Tourism Management, 28(1): 317-322.

Lepp A, 2007. Residents' attitudes towards tourism in Bigodi village, Uganda[J]. Tourism Management, 28(3): 876-885.

Los Angeles, California: Getty Conservation Institute: 5-30.

Low S M, 2002. Anthropological-ethnographic methods for the assessment of cultural values in heritage conservation[M]//de la Torre M. Assessing the values of cultural heritage. Los Angeles, California: Getty Conservation Institute: 31-50.

Mason R, 2002. Assessing values in conservation planning: methodological issues and choices[M]// de la Torre M. Assessing the values of cultural heritage. Los Angeles, California: Getty Conservation Institute: 5-30.

Mason R, 2008. Be interested and beware: joining economic valuation and heritage conservation[J]. International Journal of Heritage Studies, 14(4): 303-318.

Mourato S, Mazzanti M, 2002. Economic valuation of cultural heritage: evidence and prospects[M]//de la Torre M. Assessing the values of cultural heritage. Los Angeles, California: Getty Conservation Institute: 51-76.

Oliver P, 2006. Built to meet needs: cultural issues in vernacular architecture[M]. Oxford: Routlege.

Pendlebury J, 2009. Conservation in the age of consensus[M]. Oxford: Routledge.

Pendlebury J, Hamza N, Sharr A, 2014. Conservation values, conservation-planning and climate change[J]. disP-The Planning Review, 50(3): 43-54.

Pendlebury J, 2016. Valuing historic environments[M]. Oxford: Routledge.

Pinto-Correia T, 2000. Future development in Portuguese rural areas: how to manage agricultural support for landscape conservation? [J]. Landscape & Urban Planning, 50(s 1-3):95-106.

Ruijgrok E C M, 2006. The three economic values of cultural heritage: a case study in the Netherlands[J]. Journal of cultural heritage, 7(3): 206-213.

Stokes S N, Watson A E, Keller G P, et al, 1989. Saving America's countryside: a guide to rural conservation[M]. Baltimore: Johns Hopkins University Press.

Throsby C D, 2000. Economic and cultural value in the work of creative artists[J]. Values and Heritage Conservation, 26.

UNESCO, 1972. Convention concerning the protection of the world cultural and natural heritage[M]. Paris: UNESCO.

UNESCO, 2016. Operational guidelines for the implementation of the World Heritage Convention [M]. Paris: UNESCO.

UNESCO, 1977. Operational guidelines for the World Heritage Committee [M]. Paris: UNESCO.

UNESCO, 1976. Recommendation concerning the safeguarding and contemporary role of historic areas[M]. Paris: UNESCO.

UNESCO, 2011. Recommendation on the historic urban landscape, including a glossary of definitions[M]. Paris: UNESCO.

Vecco M, 2010. A definition of cultural heritage: from the tangible to the intangible[J]. Journal of Cultural Heritage, 11(3): 321-324.

Yıldırım M, Turan G, 2012. Sustainable development in historic areas: adaptive re-use challenges in traditional houses in Sanliurfa, Turkey[J]. Habitat International, 36(4):493-503.

Yokohari M, Brown R D, Takeuchi K, 1994. A framework for the conservation of rural ecological landscapes in the urban fringe area in Japan[J]. Landscape & Urban Planning, 29(s 2-3):103-116.

Young L, 2006. Villages that never were: the museum village as a heritage genre. [J]. International Journal of Heritage Studies, 12(4):321-338.

Zancheti S M, Jokilehto J, 1997. Values and urban conservation planning: some reflections on principles and definitions[J]. Journal of Architectural conservation, 3(1): 37-51.

附录 A：
皖南传统村落保护机制研究村民调查问卷

年龄_____ 性别_____ 教育程度_____ 职业_____

1. 您家庭的人口数_____人，其中外出（务工或读书）人数_____人。

2. 家庭成员受教育程度是：小学_____人，初中_____人，高中_____人，大学及以上_____人。

3. 您的个人月收入

A. 无（　　）　　　　　　　　　　B. 1 000 元以下（　　）

C. 1 000—3 000 元（　　）　　　　D. 3 000—5 000 元（　　）

E. 5 000—8 000 元（　　）　　　　F. 8 000—10 000 元（　　）

G. 10 000 元以上（　　）

4. 您的家庭年收入

A. 1 万元以下（　　）　　　　　　B. 1 万—3 万元（　　）

C. 3 万—5 万元（　　）　　　　　D. 5 万—10 万元

E. 10 万元以上（　　）

5. 您家庭收入的主要来源（可多选）

A. 外出打工（　　）　　　　　　　B. 种植（　　）

C. 养殖（　　）　　　　　　　　　D. 经商（　　）

E. 旅游开发分红（　　）　　　　　F. 房产出租（　　）

G. 政府救济（　　）　　　　　　　H. 其他_____

6. 您知道自己居住的村落是"中国传统村落"吗？

A. 知道（　　）　　B. 不知道（　　）

7. 居住在传统村落您感到

A. 自豪（　　）　　B. 不自豪（　　）　　C. 无所谓（　　）

8. 您认为所住的传统村落的历史文化价值

A. 较高（　　）　　B. 一般（　　）　　C. 无价值（　　）

9. 您认为您所居住的传统村落的历史文化价值主要包括(可多选)

A. 徽州古建(　　)　　　　　　　　　B. 风水聚落(　　)

C. 徽商文化(　　)　　　　　　　　　D. 宗族制度(　　)

E. 新安理学(　　)　　　　　　　　　F. 其他_____

10. 您认为传统村落保护是

A. 村民的事(　　)　　B. 政府的事(　　)　　C. 相关保护组织的事(　　)

D. 旅游开发公司的事(　　)　　　　　E. 全社会的事(　　)

11. 您认为传统建筑应该

A. 原封不动保存(　　)　　　　　　　B. 局部改造(　　)

C. 拆旧建新(　　)

12. (1) 您对现在的居住情况感到

A. 满意(　　)　　B. 一般(　　)　　C. 不满意(　　)

(2) 如果觉得一般或不满意,您希望的改善住房条件的方式是

A. 维修老宅(　　)　　B. 另建新宅(　　)　　C. 拆除重建(　　)

13. 近几年是否有新建或修缮住房的计划？

A. 是(　　)　　B. 否(　　)

14. 如果未来出现自家房屋长期无人居住的情况,您可能会如何处理？

A. 一定要保留(　　)

B. 如果政府/村集体有偿征用会考虑出让(　　)

C. 有人购买会考虑出售(　　)

15. 您对本村的经济发展状况是否满意？

A. 满意(　　)　　B. 一般(　　)　　C. 不满意(　　)

16. 您对本村的就业机会是否满意？

A. 满意(　　)　　B. 一般(　　)　　C. 不满意(　　)

17. 您希望本村未来加大旅游开发力度吗？

A. 希望(　　)　　B. 不希望(　　)　　C. 无所谓(　　)

18. 您最希望以后家庭能够通过哪些方面增加收入？(可多选)

A. 种植养殖(　　)　　　　　　　　　B. 外出务工(　　)

C. 经商(　　)　　　　　　　　　　　D. 旅游开发(　　)

E. 其他_____

19. (1) 您对当前的村落环境是否满意？

A. 满意(　　)　　B. 一般(　　)　　C. 不满意(　　)

(2) 如果觉得一般或不满意,您认为需要改善哪些？(可多选)

A. 修缮传统建筑(　　)　　　　　　　B. 整修现代建筑(　　)

C. 清洁水系沟渠(　　)　　　　　　　D. 铺设污水管网(　　)

E. 增设垃圾收集点（　　）　　　　F. 铺设电力电信管线（　　）

G. 整修村落道路（　　）　　　　　H. 增加公共绿地（　　）

I. 其他_____

20. 您对目前本村的交通出行条件是否满意？

　　A. 满意（　　）　　B. 一般（　　）　　C. 不满意（　　）

21. （1）您对目前村里的道路与市政设施是否满意？

　　A. 满意（　　）　　B. 一般（　　）　　C. 不满意（　　）

　　（2）如果觉得一般或不满意，您认为需要增加哪些？（可多选）

　　A. 电力（　　）　　　　　　　　B. 电信（　　）

　　C. 供水（　　）　　　　　　　　D. 雨污水处理（　　）

　　E. 燃气（　　）　　　　　　　　F. 垃圾处理（　　）

　　G. 停车场（　　）　　　　　　　H. 公共厕所（　　）

　　I. 道路（　　）　　J. 消防（　　）　　K. 其他_____

22. 您对村里的教育条件是否满意？

　　A. 满意（　　）　　B. 一般（　　）　　C. 不满意（　　）

23. 您对村里的医疗条件是否满意？

　　A. 满意（　　）　　B. 一般（　　）　　C. 不满意（　　）

24. （1）您对目前村里的公共服务设施是否满意？

　　A. 满意（　　）　　B. 一般（　　）　　C. 不满意（　　）

　　（2）如果觉得一般或不满意，您认为需要增加哪些？（可多选）

　　A. 超市/百货（　　）　　　　　　B. 银行/信用社（　　）

　　C. 餐馆（　　）　　　　　　　　D. 小学/幼儿园（　　）

　　E. 卫生室（　　）　　　　　　　F. 养老院（　　）

　　G. 图书室（　　）　　　　　　　H. 活动/健身中心（　　）

　　I. 广场公园（　　）　　　　　　J. 其他_____

25. 您认为村里的邻里关系如何？

　　A. 好（　　）　　　B. 一般（　　）　　C. 差（　　）

26. 您认为村里的文化氛围如何？

　　A. 好（　　）　　　B. 一般（　　）　　C. 差（　　）

27. 对于所在传统村落的未来发展，您有什么好想法？

_____

_____

_____

附录B:主要访谈人员一览表

编号	时间	访谈地点	被访谈人	访谈内容
01	2016.10.15	黟县碧阳镇	古黄村村主任	古黄村近年发展,古筑村和黄村的保护情况
02	2016.10.15	黟县碧阳镇	黄村村民	黄村生产生活状况、传统建筑修缮情况
03	2016.10.18	黟县碧阳镇	南屏村村主任	南屏村近年发展、保护情况
04	2016.10.18	黟县碧阳镇	南屏村村民(农家乐老板)	南屏村生产生活状况、传统建筑修缮情况
05	2016.10.18	黟县碧阳镇	南屏村村民	南屏村生产生活状况、传统建筑修缮情况
06	2016.10.19	黟县碧阳镇	碧山村村主任	碧山村近年发展、保护情况
07	2016.10.19	黟县碧阳镇	碧山村村民	碧山村生产生活状况、传统建筑修缮情况
08	2016.10.19	黟县碧阳镇	碧山村民宿经营者(外来投资者)	传统建筑修缮情况和民宿经营状况
09	2016.10.20	黟县宏村镇	塔川村村主任	塔川村近年发展、保护情况
10	2016.10.20	黟县宏村镇	黄山市住建委村镇科科长	黄山市三区四县传统村落保护情况
11	2016.10.20	黟县碧阳镇	关麓村村主任	关麓村近年发展、保护情况
12	2016.10.23	黟县碧阳镇	黟县住建委村镇科科长	黟县中国传统村落保护项目实施情况
13	2016.10.23	黟县碧阳镇	碧阳镇副镇长	碧阳镇传统村落保护情况
14	2016.10.23	黟县碧阳镇	碧阳镇项目办主任	碧阳镇传统村落保护项目实施情况
15	2016.12.20	黟县碧阳镇	黟县规划局局长	黟县历史文化名村保护情况
16	2016.12.21	黟县碧阳镇	黟县遗产办副主任(文物局局长)	世界文化遗产西递、宏村保护情况,黟县文物保护情况
17	2016.12.23	黟县碧阳镇	黟县住建委主任	"中国传统村落"保护项目在黟县的推进过程以及出现的问题
18	2016.12.26	黟县碧阳镇	黟县旅游委副主任	黟县乡村旅游发展情况
19	2016.12.27	黟县宏村镇	宏村村主任	宏村近年发展、保护情况
20	2016.12.27	黟县宏村镇	宏村村民	宏村生产生活状况、传统建筑修缮情况
21	2016.12.27	黟县宏村镇	宏村镇项目办主任	宏村镇传统村落保护情况、保护项目实施情况
22	2016.12.27	黟县宏村镇	卢村村民	卢村生产生活情况、保护情况
23	2016.12.29	黟县西递镇	西递镇党委书记	西递镇传统村落保护情况
24	2016.12.29	黟县西递镇	西递村村主任	西递村近年发展、保护情况
25	2016.12.29	黟县西递镇	西递村村民(旅游纪念品店经营者、景点古民居产权所有人)	西递村生产生活状况、传统建筑修缮情况
26	2016.12.29	黟县西递镇	西递村村民(石雕店经营者)	西递村生产生活状况、传统建筑修缮情况

后　记

感谢我的工作单位合肥工业大学和东南大学出版社，让我有机会及时地将博士论文出版。论文的完成离不开我的导师吕斌教授和赵鹏军研究员的悉心指导和点拨。两位导师在论文选题和写作过程中与我一次次讨论，为我出谋划策，逐字逐句修改论文，并时常给予我鞭策和鼓励。六年的硕博学习生活，每每遇到困惑时我向老师求教后总有醍醐灌顶之感。两位导师所传授于我的远不止学术上的指引，更教会我以豁达包容的态度面对生活中的一切。师恩之重，重如泰山，望不忘初心，不负师恩！

感谢北京大学冯长春、林坚、曹广忠、柴彦威、贺灿飞老师，清华大学毛其智老师以及中科院地理所金凤君老师等在论文写作的关键节点提出的中肯建议。感谢英国纽卡斯尔大学 John Pendbury 老师在交换学习的一年间对理论研究部分的指点。感谢安徽建筑大学储金龙老师和合肥工业大学李早老师在调研和写作过程中给予的帮助和鼓励。感谢硕博期间的同窗们时常分享给我学术研究的经验和建议。

论文在调研过程中也获得了各种帮助。感谢黟县住建委、遗产办、规划局、旅游委、档案局、农委、西递镇、宏村镇、碧阳镇政府等地方政府及职能部门积极提供资料、联络村民以及无保留地接受访谈。

最后，感谢家人和朋友的支持，以及东南大学出版社丁丁编辑的精心编审。

屠　李

2018 年 5 月

彩图附录

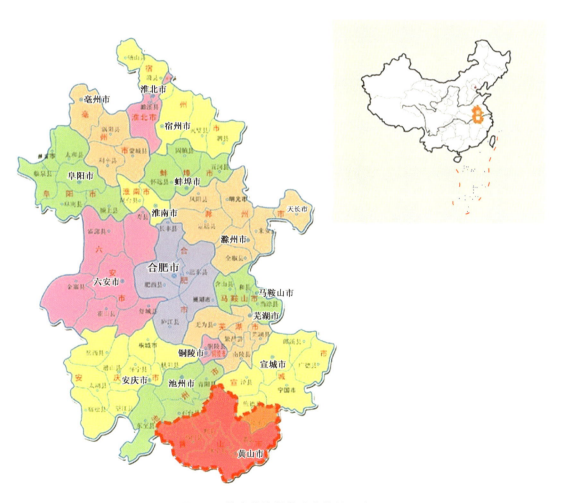

图 1.1 皖南传统村落分布的核心地区

(a) 村落选址

(b) 空间格局

图 3.1　宏村的村落选址和空间格局
(来源:《皖南古村落——西递、宏村保护规划》)

(a) 村落选址

(b) 空间格局

图 3.2　西递村的村落选址和空间格局
(来源:《皖南古村落——西递、宏村保护规划》)

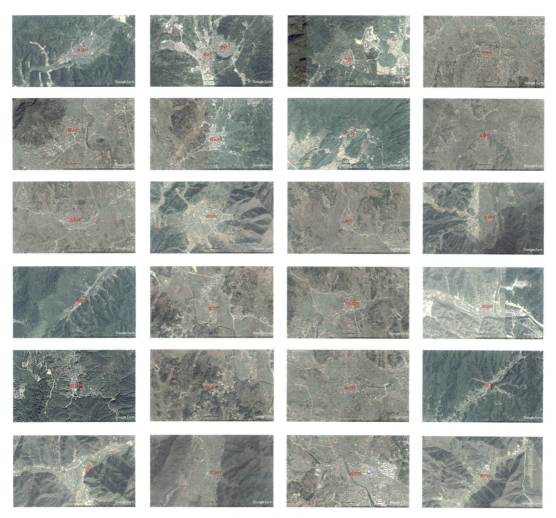

图 4.1 黟县 25 个传统村落周边环境

(来源:Google Earth)

(a) 2006年西递村周边环境　　　　　　　(b) 2015年西递村周边环境

图 4.2　西递村 2006 年与 2015 年周边环境对比

(来源:《皖南古村落——西递、宏村保护规划》和 Google Earth)

(a) 2006年宏村周边环境　　　　　　　(b) 2015年宏村周边环境

图 4.3　宏村 2006 年与 2015 年周边环境对比

(来源:《皖南古村落——西递、宏村保护规划》和 Google Earth)

(a) 卢村的保护区划

(b) 卢村和旅游地产项目的位置关系

(c) 旅游地产项目与卢村视觉轴线

(d) 旅游地产项目远眺

图 4.5　保护型村落卢村周边旅游地产开发

(来源:《安徽省黟县卢村保护规划》、Google Earth 和作者拍摄)

(a) 2006年宏村空间格局

(b) 2015年宏村空间格局

(c) 2006年西递村空间格局

(d) 2015年西递村空间格局

图 4.6　遗产型村落西递村、宏村 2006 年与 2015 年空间格局对比

(来源:《皖南古村落——西递、宏村保护规划》和 Google Earth)

(a) 2003年屏山村空间格局　　　　　　(b) 2015年屏山村空间格局

图 4.7　保护型村落屏山村 2003 年和 2015 年空间格局对比

(来源:《黟县屏山古村落保护规划》和 Google Earth)

(a) 碧山村的空间格局　　　　　　(b) 碧山村的村落风貌

图 4.8　特色型村落碧山村的空间格局和村落风貌

(来源:《黟县碧山村古村落保护与利用规划》和作者拍摄)

(a) 西递村保护规划　　　　　　　　(b) 宏村保护规划

图 5.7　西递、宏村的保护区划

(来源:《皖南古村落——西递、宏村保护规划》)

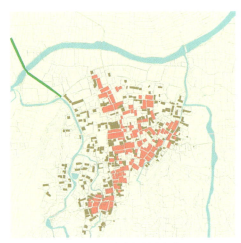 

(a) 2003年南屏村空间格局　　　　　　　　(b) 2015年南屏村空间格局

图 5.15　保护型村落南屏村 2003 年和 2015 年空间格局对比

(来源:《黟县南屏古村落保护规划》和 Google Earth 下载)